KB049078

행복한
육아
016

따돌림 없는 교실

행복한
육아
016

따돌림 없는 교실

비비언 거신 페일리 지음

신은수 옮김

샘터

따돌림 문제에 대한
새로운 시각과 지혜로운 해법

2011년 가을, 나는 대학 부속유치원의 원장으로 유치원 교실의 아이들과 다시 생활하게 되었다. 아이들이 놀이하며 즐겁게 깔깔거리는 웃음소리, 친구들과 얼굴을 맞대고 소곤거리는 말소리를 오랜만에 듣게 되어 매우 행복했다. 1990년에 덕성여대 유아교육과의 교수가 되었고 1994년 여름, 젊은 나이에 부속유치원장이 되어 8년간 아이들과 함께 생활했다. 그 후 10년간은 유아교육과 교수로서 좋은 유치원 선생님을 양성하는 데 힘쓰며 지냈다.

그러다가 다시 돌아온 유치원에서, 나는 아이들이 선생님과 다정하게 얼굴을 마주 보며 생글거리고, 함께 놀이하는 것을 바라보면서 즐거웠다. 그와 동시에, 아이들이 친구에게 "너랑 안 놀아!"라고 볼멘소리로 말하고, 선생님은 그 아이들을 번갈아 보며 안쓰러운 얼굴로 타이르는 모습도 자주 접하게 되었다.

그 즈음에 다시 집어 든 선배 유아교육자 비비언 페일리의 《You Can't Say You Can't Play》를 읽으며 나는 많은 생각을 하였고, 첫 장부터 마지막 장까지 단숨에 읽었다. 유치원 교실에서 종종 접할 수 있는 문제의 말 "너랑 안 놀아!"를 "우리 같이 놀자!"로 풀어 나간 페일리 선생님의 따뜻한 마음이 전해졌다.

아이들은 자신의 말이나 행동이 상대방에게 미칠 영향은 생각하지 못한 채 무심코 말을 내뱉고 감정대로 행동한다. 그런데 페일리 선생님은 일방적인 가르침이나 훈계를 늘어놓는 대신 아이들과 끊임없이 대화를 나누며 〈'너랑 안 놀아'라고 말하지 않기〉라는 규칙을 모든 아이가 지킬 수 있도록 현명하게 이끌어 간다. 아이들의 목소리에 귀 기울이는 교육자의 마음가짐을 보여 주는 것이다. 아울러 선생님과 부모가 아이들에게 무엇을 어떻게 가르쳐야 하고, 또 아이들이 무엇을 어떻게 배워 가는지도 알려 준다.

그동안 초등학교와 중고등학교의 교육 현장에서 일어나는 따돌림, 왕따, 학교 폭력과 같은 무서운 이야기들을 들으면서 나는 우리 아이들을 생각했다. 따돌림은 따돌림당하는 아이 자체의 문제가 아니라 잘못된 교육이 불러온 습관에서 비롯되는 것이다.

유치원은 아이들이 태어나 사회적 관계를 처음으로 경험하게 되는 장소이다. 또한 이 시기의 아이들은 자신을 돌봐 주는 어른들을 신뢰하며 어른들이 하는 말에 순수하게 귀 기울인다. 따라서 아직 도덕관념이 자리 잡히지 않은 유치원에서부터 '누구에게나 열린 기회'라는 개념을 알려 주는 것이 필요하다. 우리 아이들이 주변의 모든 사람과 행복하고 조화롭게 생활하는 어른으로 자라나게 하는 것은 결국 어른들의 숙제인 것이다.

이 책의 이야기는 "너랑 안 놀아!"라고 말하며 친구를 따돌리는 유치원 아이들의 교실을 넘어서, 유치원 시절 따돌림당하여 쓰라렸던 초등학교 아이들의 기억으로, 그리고 페일리 선생님의 유치원 시절에 대한 아픈 기억으로 이어진다. 그들의 이야기를 읽다 보면, 어린 시절 "너랑 안 놀아!"라는 말을 들었거나 누군가를 향해 그런 말을 했던 우리를 떠올리게 된다.

이제 어른이 된 우리는 선생님과 부모의 마음으로, "너랑 안 놀아!"라는 말을 들을 때의 슬프고 외로운 마음과 "우리 같이 놀자!"라는 말을 들을 때의 행복하고 훈훈한 마음을 아이들에게도 전해 주어야 할 것이다. 그리하여 교실이나 사회에서 이방인으로 따돌림을 경험하며 살아가는 아이들이 조금이라도 줄어드는 데 이 책이 도움이 될 수 있기를 바란다.

이 책을 옮기면서, 페일리 선생님 반 아이들과 비슷한 미국에서의 유치원 시절 경험담을 들려준 조카 도현이와 《따돌림 없는 교실》이라는 제목으로 출판이 되도록 애써 준 샘터사에 고마움을 전한다.

2014년 여름
덕성여대 부속유치원 원장실에서
신은수

차 례

chapter 1

따돌림은
습관이다

60세가 되면서, 나는 교실에서 들리는 따돌림의 목소리에 더 귀를 기울이게 되었다. 어느 날부터 갑자기, 벽과 벽 사이를 때리듯이 울려 퍼지는 "너랑 안 놀아!"라는 말이 지나치게 강압적이고 잔인하다고 느끼게 된 것이다. 한 아이가 이토록 아무렇지 않게 다른 아이의 운명을 결정짓는 말을 하다니.

"너는 내 친구지?" 유치원에서 어린아이들은 다른 아이에게 묻곤 한다. 그것이 어떤 의미인지 아무것도 모르면서 하는 말이다. 그에 대한 대답 또한 의문이 든다. 만약 "그래"라고 한다면, 그건 어떤 의미일까? 그리고 반대로 밀쳐 낸다면, 어떤 기분이 들까?

유치원에 들어갈 정도의 나이가 되면, 아이들 사이에서도 이러한 관계의 구조가 서서히 드러나기 시작하고, 어느새 돌에 새긴 것처럼 단단하게 굳어진다. 어떤 아이들은 같은 반 친구들의 사회적 경험을 제한할 수 있는 권리를 갖게 된다. 이때부터, 지배 계층이 된 아이들은 자신이 어떤 아이를 놀이 친구로 받아들일지를 다른 아이들에게 알려 주고, 소외 계층의 아이들은 바늘로 찌르는 듯한 따돌림의 고통을 미리 예측하는 법을 배우게 된다.

그런데 교사들이 아이들끼리 서로 때리거나 놀리는 것을 금지하면, 한참 후에는 더 파괴적인 현상이 뿌리를 내리게 되어 학년에서 학년으로 잡초처럼 퍼져 간다.

과연 우리는 이러한 현상을 어쩔 수 없는 것으로 받아들여야 할까? 나는 반드시 그 답을 밝혀내야겠다고 다짐했다. 우선 나는 〈'너랑 안 놀아'라고 말하지 않기〉라고 써 붙이며 새로운 규칙을 발표하였다. 하지만 이 규칙은 시작부터 불신과 맞닥뜨리게 되었다.

내가 가르치는 유치원 아이들 25명 중에 오직 4명만 이 규칙에 찬성하였는데, 이 4명은 따돌림을 가장 많이 받는 아이들이었다. 제일 격렬하게 반대한 아이들은 따돌림을 주도하는 아이들이었다. 어쨌든 모든 아이가 의심스러운 얼굴로 이 수용하기 힘든 혁신을 바라보았다.

아이들은 내 말이 의미하는 바가 무엇인지 궁금하게 여겼다. 개인적인 놀이에 아무나 참여할 수 있게 한다고? 그러면 우리의 우정은 어떻게 되는 거지?

"그렇다면 도대체 뭐하러 놀이를 해요?"

리사가 투덜거리며 볼멘소리로 이야기했다.

아이들은 이 쟁점에 대해 함께 논의하면서 어떻게든 돌아 나갈 길과 빠져나갈 구멍을 열심히 찾았고, 결국 나는 상급 학년의 학생들 앞에 이 문제를 가져갔다. 그 아이들 역시 이 계획이 성공할 것이라고는 생각하지 않았다.

"'너랑 안 놀아'라고 말하지 않기로요?"

그들은 이 계획이 매우 공평하다는 것은 인정했지만, 그런 규칙이 인간 본성에 어긋난다는 점을 지적했다.

그러나 다행히, 인간은 토론으로만 살지 않는다. 덜 직접적이긴 하지만 논쟁의 핵심에 더 효과적으로 도달할 수 있는 대안의 길이 있다. 바로 '이야기'이다. 이야기는 아이들이 아주 좋아하는 정보 전달 방식이다. 이번에는 어쨌든 내가 이야기꾼이 되기로 마음먹었다. 외롭고 두려움에 떠는 사람들을 구해 주는 새인 까치를 주인공으로, 아이들의 영혼을 일깨우는 이야기를 들려줄 것이다. 나는 까치와 친해졌다. 왜냐하면 까치가 구해 낼 첫 번째 사람이 바로 나이기 때문이다.

올해 우리 반 교실은 유난스레 혼란과 눈물로 가득 차 있는 것 같다. 나에 대한 비난이 먹구름처럼 우리 위를 떠다니고 있었다. 먹구름은 이 아이, 저 아이의 머리 위로 차례차례 비를 뿌렸는데, 대부분의 비는 나에게 쏟아졌다. 나는 이성적인 평정심을 유지하기가 힘들었다. 게다가 목 상태가 악화되어 목소리마저 제대로 나오지 않았다.

그런 와중에 캐나다의 먼 지역으로 교사들을 위한 강연을 하러 길을 떠났는데, 마음이 무겁기 그지없었다. 역설적이게도 강연의 주제는 '행복한 교실'이었다.

고작 이틀 떠나는 것이었지만 나를 필요로 하는 사람들을 저버리는 느낌이었고, 나 자신도 버려진 것처럼 느껴졌다. 안젤로가 싸우진 않을까? 클라라가 또 속상해서 자기 사물함에 숨어 버리면 누가 위로해 주지? 아, 나는 떠나지 말았어야 했다.

비행기마저 연착되어 가는 내내 마음이 몹시 불편했다. 공항에는 아무도 마중을 나오지 않았다. 호텔에 도착했을 때는 겨우 옷 갈아입을 정도의 시간밖에 없었고, 나는 내 소개가 시작되기 직전에야 거대한 연회장에 들어설 수 있었다.

그곳에는 내가 아는 사람이 단 한 명도 없었다. 순간 나를 초대한 사람의 이름조차 기억나지 않았다. 나는 공황상태가 되었다. 이 낯선 사람들이 누구지? 이 흐릿하게 보이는 천 개의 얼굴은 대체 누굴까?

누군가 오랜 친구처럼 나에게 다가오며 인사를 하자 불안감은 크게 상승하였다. 그 이유는 아주 가까이에서 미소 짓는 그 얼굴마저 도무지 모르는 사람 같았기 때문이었다. 그녀가 마이크 앞에서 내 책의 일부를 인용하며 나를 소개하기 시작하였지만, 나는 한 단어도 기억나지 않았다. 그녀에게 감사의 말을 전하고 연설문을 읽어 나가는 내 목소리는 숨가쁘고 낯설게 느껴졌다. 한 시간의 강연이 끝난 후, 나는 죄송하다는 말을 우물거리며 급히 자리를 떴다. 참기 힘든 외로움이 몰려와 혼자 있고 싶었다.

다음 날 아침, 해가 뜨기 전에 나는 조깅복으로 갈아입었다. 그날의 첫 햇살이 비칠 무렵, 나는 호텔 맞은편에 있는 아무도 없는 공원에서 평소처럼 5킬로미터 달리기를 시작했다. 아마 1.6킬로미터쯤이라고 생각되는데, 네 바퀴를 돌고 나서야 예상했던 대로 공허함이 사라졌다.

나는 그동안 아이들에게 몇 번이나 "선생님의 달리기는 너희의 놀이와 같은 거란다"라고 말해 주었던가. 나는 슬프거나 우울할 때면 기분 전환을 위해 달리기를 하는데, 그때 종종 어떤 신비한 일이 일어나면서 일에 대한 해결책이 머릿속에 떠오르곤 한다. 그런데 이번 해결책은 아주 놀랍고도 새로운 방식으로 나타났다.

다섯 바퀴째 돌기 시작했을 때, 새 한 마리가 나에게 말을 건 것이다. 분명, 나에게 말을 걸고 있었다. 나는 그 새가 내게 말을 하고 있다고 확신했다. 안개 낀 캐나다의 새벽 공기 속에서, 전에는 한 번도 본 적이 없는 검은빛과 흰빛을 띤 커다란 새가 나무 위에 앉아 있었다. 그리고 그 나무를 지나갈 때마다 나를 향해 지저귀었다.

일곱 바퀴를 돌았을 때 나는 "넌 누구니? 나에게 말하고 있는 거니?"라고 속삭였다. 그러자 그 새는 마치 앞장서서 나를 인도하듯이 앞에 있는 나무로 옮겨 갔고, 그다음 앞에 있는 또 다른 나무로 날아갔다.

이제 해가 제법 떠올라 낮은 곳의 나뭇가지까지 환하게 비추었다. 하얀색 옥스퍼드화를 신은 두 여성이 나를 지나쳤다. 나는 그들에게 말을 걸었다.

"저기요, 저기 있는 새가 무슨 새인가요?"

"진짜로 모르세요? 까치잖아요."

그들은 웃으며 말하고는 가던 길을 갔다.

아, 네가 까치구나! 하지만 까치는 동화 속의 새가 아니던가?

까치 한 마리가 아주 오래된 성탑 근처를 날아가다가 울음소리를 듣게 되었다. "애야, 왜 우니?" 까치는 울고 있던 공주에게 물었다. "이 낯선 곳에 끌려와 사랑하는 사람들과 떨어져 살고 있어서, 외로워서 그래. 나를 도와줄 수 있니, 아름다운 새야?" "그래, 내가 도와줄게. 내 등에 올라타렴. 지금부터 우리는 성벽 주위를 열두 번 돌 거야. 그러면 마법이 풀릴 테고 너는 다시 집으로 돌아가게 될 거야."

이때 들려온 까치의 울음소리에 놀라 나는 환상에서 빠져나왔고, 큰 소리로 웃었다. 갑자기 나무, 사람, 빌딩과 한 몸이 되어 버린 것 같았다. 잠시 후 나는 우연히 윈스턴 처칠 조각상을 발견했고 가슴을 찌르는 듯한 아픔을 느꼈다.

"얼마나 오랜 세월 여기서 혼자 서 있었나요, 윈스턴 경?"

샤워를 하고, 아침을 먹고, 또다시 강단에 오르는 동안 내 마음속에는 기운이 솟기 시작했다. 몇백 명의 사람들이 기쁜 표정으로 나를 기다리고 있었다. 도저히 이야기를 안 하고는 배길 수가 없어서, 나는 지난

밤의 내 기분과 함께 오늘 아침에 만난 까치 이야기를 들려주었다. 그때 청중 한 사람이 내 뒤의 창문을 가리키면서 "헉" 하고 숨을 내뱉었다. 뒤 돌아보니 까치 한 마리가 날아가는 것이 보였다. 나는 말을 이어갔다.

"아, 이런 느낌이군요. 이것이 바로 안젤로가 닌자 거북이가 되었을 때 동료 거북이들과 한마음이 되는 느낌일 겁니다. 안젤로는 낯선 사람 들의 땅인 교실에 들어올 때면 자신을 반겨 주는 미소를 발견하기 전까 지 환상 속에 잠겨 마음을 달래며 기다리거든요."

하지만 그때 누군가 안젤로에게 같이 놀 수 없다고 이야기하면, 안젤 로는 우울해지고 노랫소리 하나 들리지 않는 컴컴한 숲 속을 방황하게 된다.

까치가 성탑 위를 맴돌다가…… 갑자기 한 아이의 슬픈 목소리 가 열린 창문 밖으로 새어 나왔다.

내가 공원의 까치 이야기를 다시 하자, 안젤로는 나를 외면하고 저쪽 으로 가버렸다. 그러나 지금은 깔개 위에 앉아 있는 아이들을 밀쳐 내고 내 발치에 바싹 다가와 앉아 있다. 안젤로가 물었다.

"왜 그 새를 보고 계셨어요?"

"진짜 새였어요?"

칼도 질문했다.

"공원에 있던 새는 진짜였어. 하지만 선생님 마음속에 이야기를 들려주는 까치가 또 있단다."

아이들이 조용해졌다. 그러고는 리사가 "아, 선생님의 상상 속에 있는 거지요?"라고 말했다.

"선생님, 왜 우릴 두고 가버렸어요?"

안젤로가 고집스럽게 물었다.

"선생님께 뭔가 할 말이 있었는데 까먹었단 말이에요."

"조금 있다가 다시 생각날 수도 있잖니……."

"아니요, 생각 안 날 거예요! 꿈 얘기였단 말이에요. 전 선생님이 본 까치가 싫어요."

저 아래 보이는 곳은 정말 이상하다고 까치는 생각했다. 까치는 높은 나뭇가지들 사이로 내려가 아주 오래된 성벽 주변을 맴돌았다. 그러고는 중얼거렸다.

"여기서는 새들의 소리를 들을 수가 없어! 어떻게 된 일이지?"

까치가 옳았다. 아래의 숲에는 새가 한 마리도 없었고, 심지어 딱따구리가 나무를 두드리는 "딱딱딱" 소리조차 들리지 않았다. 새들이 없는 숲이라? 검고 하얀 빛을 띠는 이 커다란 새는 이러한 상황에 매우 당황했다. 새 없는 숲은 물고기 없는 호수, 혹은 친구 없는 아이와 같다.

까치는 성탑 위를 맴돌면서 생명체의 신호를 찾으려고 눈을 크게 뜨고 귀를 기울였다. 그때 갑자기 한 아이의 슬픈 목소리가 열린 창문 밖으로 새어 나왔다. 까치는 창틀 위에 내려앉아 작은 방 안을 가만히 들

여다보았다. 촛불
하나가 방을 밝히
고 있었고, 돌바닥에
앉아 인형의 머리를 천천
히 쓰다듬고 있는 어린 소녀가
보였다.

　"내가 너의 엄마라고 하자, 어린 마루스카야. 엄마가 죽었다고 생각했
지? 그렇지만 이렇게 살아 돌아왔단다. 오늘은 너의 생일이야."

　굵은 눈물방울이 소녀의 뺨을 타고 흘러내려 인형 얼굴에 떨어졌다.
소녀가 한숨 지으며 말했다.

　"가엾은 우리 아가. 아빠가 보시면 너도 울고 있다고 생각하시겠다."

　까치는 조금 더 소녀를 지켜보았다. 소녀의 피부색은 어린 울새의 부
드러운 갈색 깃털을, 소녀의 머리카락은 까마귀의 검은 꼬리를 떠올리
게 하였다. 까치의 고향에 사는 아이들의 피부는 알렉산드라 공주의 뜰
에서 자라는 창백한 복숭아 빛깔과 비슷하다.

　까치가 낮게 휘파람을 불었다.

　"실례합니다. 혹시 무슨 문제라도 있나요? 제가 들어가도 될까요?"

　깜짝 놀란 소녀는 인형을 꼭 껴안은 채 창문 쪽으로 몸을 돌렸다.

　"아, 예쁜 새구나!"

　"안녕, 나는 까치야! 내가 뭔가 도울 일이 없을까?"

　"아무도 날 도와줄 수 없을 거야. 돌아가신 엄마를 다시 살려 낼 사람

은 아무도 없을 테니. 내가 원하는 건 그것뿐인걸."

소녀는 바닥에 끌리는 커다란 레이스 숄로 인형을 감싸 안고 일어섰다.

"하지만 네가 들어오는 건 환영이야. 아빠와 나는 새들을 아주 좋아하거든."

까치는 이상하다고 생각했다. 새들을 좋아한다면서 새가 한 마리도 없는 곳에서 살고 있다니.

"여기가 너희 가족이 사는 성이니?"

까치의 물음에 소녀가 고개를 끄덕였다.

"나는 애나벨라야. 우리 아빠는 카림 왕자고. 우리는 아프리카 왕족의 후손이지. 우리 아빠를 만나 볼래? 아빠는 새들에 대해 연구하면서 많은 시간을 보내신단다."

이 말에 까치의 궁금증은 더욱더 커졌지만 더 이상은 소녀에게 물어보지 않았다.

"아주 멋진 인형이구나."

까치는 인형의 반짝이는 드레스를 부리로 쓰다듬으며 말하였다.

애나벨라가 마루스카를 까치 등 위에 앉혀 놓고 속삭였다.

"훨훨 날아가라, 멀리 날아가라, 나의 아가야."

그러고 나서 소녀는 얼굴이 빨개졌다.

"미안, 까치야. 마루스카와 내가 너무 외로워서 너를 놀이 친구로 만들어 버렸네. 이상해 보였지?"

"전혀 그렇지 않아."

까치는 외로움에 대해 잘 알고 있었다. 까치 역시 아직 알 속에 있을 때 혼자 버려져 길을 잃고 외로웠던 적이 있기 때문이다. 까치는 또한 아이들이 어떻게 노는지에 대해서도 잘 알고 있었다.

"내가 사는 나라에 알렉산드라 공주가 있는데 너처럼 인형에게 말을 걸기도 하고, 가끔씩은 내가 그 인형을 뺏어 가려는 거인이라고 상상하며 놀기도 한단다."

애나벨라의 눈이 반짝거렸다.

"아, 알렉산드라랑 같이 놀 수 있다면 얼마나 좋을까! 하지만 아빠는 내가 가질 수 없는 것을 바라면 안 된다고 말씀해 주셨어. 이리 와, 까치야. 나랑 같이 아래층으로 내려가자. 아빠는 차 마시는 시간에 내가 만나러 가는 것을 좋아하시거든."

점심시간 전에, 안젤로는 자기가 꾼 꿈을 기억해 냈다.

"꿈에서 햄스터를 찾고 있었는데 이 녀석이 어디론가 사라져 버렸어요. 그러더니 내 방이 없어지고, 우리 집까지 없어졌어요. 그리고 할머니가 나타나서 주위를 둘러보셨는데, 나를 알아보지 못하셨어요."

"선생님도 가끔 그런 꿈을 꾼단다. 학교로 걸어가는데, 학교가 원래 있던 자리에 있지 않고 사라져 버린 거야. 한참 헤매다가 마침내 다른 거리에서 학교를 찾아내서 들어갔지. 그런데 아무리 찾아도 선생님 방이 없는 거야. 어때? 네 꿈이랑 비슷하지?"

안젤로는 놀란 듯했다.

"선생님이랑 저랑 정말 비슷하네요."

안젤로는 미소를 지으며 내 팔을 만졌다. 이 들떠 있는 소년의 피부는 어린 울새처럼 부드러운 갈색을 띠고 있었다. 안젤로가 사람들을 빤히 바라볼 때의 표정은 모호해서 무슨 생각을 하는지 영 알 수가 없다. 그러다가 별안간 슈퍼영웅이 자신의 동지들을 만났을 때처럼 웃음을 터뜨릴 때도 있다. 또한 안젤로는 자기의 꿈을 이야기로 만드는 능력을 가지고 있다.

"어떤 소년이 있었는데 길을 잃었어요."

나중에 안젤로가 이야기 연극 시간에 나에게 들려준 이야기다. 이야기 연극 시간은 아이들이 지어낸 이야기를 앞에 나가 발표하면 다른 아이들이 그 이야기에 맞춰 연극을 해보는 시간이다.

"그리고 소년은 어떤 소리를 들었어요. 그것은 바로 덫에 걸린 햄스터가 내는 소리였죠. 괜찮아, 햄스터야. 나는 마법의 열쇠를 가지고 있거든. 그런데 햄스터가 갑자기 아이의 형으로 변했어요. 그 아이는 자기에게 형이 있다는 것도 잊고 있었지 뭐예요?"

아이들의 이야기를 듣다가 문득 나도 꿈을 이야기로 옮겨야겠다고 생각했다. 내가 꾸는 꿈은 외톨이의 외로움에 대해 알려 주는 경우가 많다. 나의 꿈과 기억들……

나는 여전히 유년 시절 교실에서 따돌림을 받던 아이들의 어두운 얼굴을 기억하고 있다. 또한 모든 것이 어떻게 되어야만 하는지 잘 안다는 듯 자신감에 차 있던 얼굴들도 기억하고 있다. 그 아이들은 삶의 비밀을 알고 있었으며, 나로서는 그들을 기쁘게 하고 기분을 거스르지 않는 것이 중요했다.

이것은 선생님 역시 마찬가지다. 선생님들은 모두 인기 있는 아이의 비위를 맞추기 급급하고 따돌림받는 아이에 대해서는 종종 참을성을 잃는다. '인기 있는' 아이는 좋은 아이고, '인기 없는' 아이는 나쁜 아이 취급을 받는다. 사랑받지 못하는 아이들은 자신의 잘못 때문이라며 자책한다.

초등학교 1학년 때 한번은 선생님이 뚱뚱한 여자아이에 대해 이렇게 말씀하시는 것을 들었다.

"살을 빼고 옷을 좀 자주 갈아입고 오면 친구가 생길 텐데."

나는 그때 받은 충격을 아직도 기억하고 있다. 우리 어머니는 절대 그렇게 말씀하시지 않았을 것이고, 우리가 그런 말을 하는 것도 허용하시지 않았을 것이다. 그렇지만 나는 그 불쌍한 아이를 피했으며, 선생님이 하신 말씀을 집에 와서 얘기하지 않으려고 조심했을 뿐이다.

유치원 때부터 나는 비록 수업은 잘 따라갔지만 교실에서 잘 지내지는 못했다. 정확히 말하자면, 나는 실제로 유치원을 다니지 않았다. 선생님은 우리 어머니께, 유치원을 그만두게 하고 1학년이 될 때까지 나를 집에서 데리고 있는 것이 좋겠다고 권유했다.

"자녀분은 아이들의 무리에 속하지 못하고 혼자 떨어져서 아이들 노는 걸 바라만 본답니다."

한참 후에, 나는 어머니께 물었다. 왜 나더러 유치원에 계속 다니면서 아이들의 '마법의 원'에 들어가는 법을 배워야 한다고 강요하시지 않았는지. 그러자 어머니는 그저 어깨를 으쓱하며 말씀하셨다.

"선생님이 하라는 대로 했을 뿐이야."

어쨌든 나는 학교에 들어가고 오랜 시간이 지나지 않아 누가 힘을 가진 아이이고 누가 약한 아이인지 알아낼 수 있었고, 꿈속을 제외하고는 따돌림받는 아이들 쪽에 끼었던 경우는 없었다. 조금 더 나이 든 후 한 성경 구절을 보게 되었다. "너희와 함께 있는 거류민을 너희 중에서 낳은 자같이 여기며……." 나는 '함께 있는 거류민'이 처음 나타나는 장소가 교실인 줄 그땐 미처 몰랐다.

어린 공주는 탁자에 놓여 있던 양초를 들고, 인형을 꽉 껴안은 채 가파른 계단을 내려가기 시작했다. 인형을 감싼 숄을 부리로 들어 올리며 까치가 뒤따라 날아갔다. 마지막 계단을 돌아 내려가자 문이 열린 서재가 보였고, 애나벨라가 황급히 앉으며 말했다.

"까치야, 서재에 들어가기 전에 알렉산드라에 대해 좀 더 얘기해 줄래? 알렉산드라는 진짜 공주처럼 생겼어?"

"애나벨라 너같이 진짜 공주처럼 생겼어. 다만 네 피부는 검은빛이지만 알렉산드라는 하얗지. 너희 둘의 피부 빛깔은 마치 내 날개 깃털과 같아."

까치가 깃털 색을 보여 주기 위해 날개를 펼쳤고 애나벨라는 까치에게 더 가까이 다가갔다.

"까치야, 알렉산드라랑 놀았던 것처럼 나랑도 놀아 줄 수 있어?"

"물론이지. 그리고 네가 원한다면 이야기도 들려줄 수 있어. 알렉산드라에게도 그랬단다."

"그래, 이야기! 엄마가 예전에 정원에서 이야기를 들려주곤 했었는데 그때마다 새들도 모두 날아와 엄마의 이야기를 들었단다."

어린 소녀의 눈가가 촉촉하게 젖어들기 시작하자, 까치는 서둘러 이야기를 시작했다.

옛날 옛적에 외로운 공주가 살았어요. 공주는 매일 밤마다 북극성을 보면서 소원을 빌었죠. 새가 되어 친구를 찾아 날아갈 수 있게 해달라고.

드디어 어느 날 밤, 소원이 이루어졌어요. 공주는 작고 노란 새가 되었답니다.

"나를 따라오렴."

북극성이 공주를 인도했어요.

"태양이 뜨고 오늘 하루 첫 번째 빛줄기가 비추어 내 별빛이 약해지면, 저 아래 풀밭에서 너를 기다리고 있는 요정 아이를 볼 수 있을 거야. 태양이 늙은 참나무 꼭대기에 닿을 때까지는 그 아이랑 놀아도 된다. 하지만 그 후에는 반드시 작별인사를 하고 내 마지막 빛줄기를 따라 네 방으로 돌아와야 해. 네 날개가 사라지기 전에 말이야."

여섯 밤 동안 공주는 북극성이 말한 대로 잘 따랐어요. 그런데 일곱째 날 밤에 놀이가 너무 재미있어서 북극성의 경고를 그만 잊어버렸죠. 이른 아침 이슬이 햇빛에 반짝이기 시작하자 공주는 자신이 더 이상 새가 아닌 것을 알았어요. "어머나." 공주가 탄식했어요. "어떻게 아버지에게 돌아가지?" 공주는 울고 또 울었어요. 주위에 있던 모든 요정이 같이 울게 되었죠. 그들의 눈물은 강이 되어 흐르기 시작했어요. 그래서 공주는 백합꽃으로 만든 뗏목을 타고 자신의 왕국으로 돌아갈 수 있었답니다.

그런데 공주가 잠에서 깨어나자 요정 친구가 곁에 있는 거예요. "내가 여기 살면서 네 친구가 되어 줄게." 요정 아이가 말했어요. "넌 지금껏 내가 만난 친구 중에 가장 좋은 친구란다."

까치는 이야기가 끝났다는 표시로 고개를 끄덕였고, 애나벨라는 즐거워하며 웃었다. 그러자 서재에 있던 카림 왕자가 책상에서 고개를 들어 공주를 불렀다.

"애나벨라, 무엇 때문에 그렇게 웃는 거니? 이리 오렴, 나의 소중한 아가. 차가 다 준비되었단다."

"아빠, 손님이 있어요."

애나벨라가 깔깔거리고 웃으며 말했다. 그 말과 동시에, 까치가 왕자의 서재로 날아 들어가서 그의 책상 위에 앉았다.

"저는 키다리 소나무 왕국에서 온 까치입니다. 잘 부탁드립니다."

◇ ◇ ◇

　의사는 내 목소리 문제를 "교사의 천형(天刑)"이라 불렀다. 하지만 그 말을 마치 명예의 훈장이라도 주는 듯 표현했다. 의사는 말수를 줄여 목을 아끼라고 말했지만, 나는 자제하면 할수록 더더욱 말을 해야 할 필요성을 느끼게 되었다.

　"오늘 블록놀이를 할 때 조금 불행한 일이 있었단다."

　이야기 나누기 시간에 아이들에게 말했다. 나의 쉰 목소리가 귀에 거슬렸을 텐데도 아이들은 나에게 가까이 다가와 앉았다.

　"선생님은 클라라의 슬픔에 대해 어떻게 할지 결정을 못 하겠어."

　모든 아이가 나를 주목했다. 아이들도 나와 마찬가지로 슬픔에 대한 설명을 간절히 바라고 있었다.

　"까치야, 견디기 힘든 슬픔 같은 게 있을까?"

　아이들은 클라라가 여전히 슬퍼하는지 궁금해서 클라라를 쳐다보았다. 나는 말을 이어 갔다.

　"너희 중 대부분은 선생님이 항상 무엇이 옳은지 알고 있다고 생각할 거야. 하지만 이번 일은 아무리 생각해도 공정하게 이루어진 것 같지가 않아. 너희도 알다시피, 클라라는 아무도 자기랑 놀고 싶어 하지 않고, 아무도 원하지 않는다고 느끼게 되었거든."

안젤로는 내가 병원에 간다고 말했을 때와 같은 표정으로 나를 바라보았다. 그 아이는 자신에게 익숙한 감정이 화제로 등장하자 나보다도 빨리 자신을 다잡았다.

나는 아이들을 가르치는 오랜 기간 동안 계속 고쳐지지 않고 있는 이 문제를 이런저런 방법으로 회피해 왔다. 내가 외로운 아이들의 울음을 더 잘 들을 수 있는 것은 나 자신이 상처받기 쉬운 성격이기 때문일까? 나는 클라라와 안젤로를 생각하면서 그 아이들이 따돌림을 당하고 있다는 것을 알게 되었다.

'따돌림'이라는 말은 어린아이들이 있는 교실에서 내가 거의 사용하지 않는 말이다. 물론 아이들은 너무 순수해서 자신의 말이 가져올 결과에 대해서는 생각하지 못하고 "너랑 안 놀아"라고 말한다. 그러나 또 한편으로는 상처받고 슬퍼하는 아이들에게 쉽게 다가가서 종종 나보다 더 부드럽게 대한다.

아이들이 나를 재촉했다.

"어서요, 선생님. 클라라가 울고 있어요!"

수줍음 많은 클라라가 자신의 생각을 이야기했다.

"신시아와 리사가 강아지 집을 만들고 있었어요. 제가 같이 놀아도 되냐고 물어보니까, 걔들이 저한테는 고양이 인형만 있어서 안 된다고 말했어요."

이 말은 클라라가 입학 이후 한 말 중에서 가장 긴 문장이다. 그런데 그게 다가 아니었다.

"걔네는 저보고 친구가 아니라고 말했어요."

클라라는 자신의 낡은 고양이 인형을 껴안고 다시 훌쩍이기 시작했다. 그러자 리사가 설명했다.

"우리는 강아지 인형을 가져오면 같이 놀 수 있다고 얘기했어요."

넬슨이 울상을 지으며 말했다.

"벤도 저랑 같이 안 놀아 줘요."

벤이 곧바로 항의했다.

"아니거든. 내가 아니라 찰리가 그랬어. 찰리가 대장이었다고!"

안젤로도 투덜거리며 말했다.

"저도요. 아이들이 저랑도 안 놀아 줘요. 아무도 저에게 신경 쓰지 않아요. 하지만 저는 상관없어요."

아이들은 이 주제에 뜨거운 관심을 보이기 시작했다. "너랑 안 놀아"라는 말을 듣는 것은 심각한 문제였다. 놀이에서 제외되는 것은 학교에서 일어나는 일 중에 가장 많이 상처를 받는 일이다. 그리고 더 이상 원활한 학교생활을 할 수 없게 된다.

모든 아이는 따돌림에 관한 말을 잘 알고 있다. "너랑 안 놀아." "내 옆에 앉지 마." "우리 따라 하지 마." "너랑 짝하기 싫어." "저리 가." 교사 회의에서 이런 말이 나왔다면 절대 용서할 수 없는 모욕이라 생각할 것이다. 하지만 교실에서 이런 말이 나왔을 때 교사들의 반응은 불확실하다.

심지어 거부당한 아이도 어떻게 반응해야 할지 알지 못한다.

"엄마한테 친구들이 가지고 있는 것과 같은 강아지 인형을 사줄 수 있는지 물어볼게요."

클라라가 이런 제안을 하자 셰일라가 주장했다.

"클라라를 놀이에 끼워 줘야 한다고 생각해요. 클라라랑 노는 게 정말로 너무 싫은 게 아니라면요."

"클라라가 진짜, 진짜로 같이 놀 사람을 찾을 수 없다면, 그때는 같이 놀아 주어야겠죠."

신시아가 미안한 듯한 표정으로 리사를 바라보면서 말했다.

아이들의 마음에도 내 마음과 비슷한 동요가 이는 듯했다. 나는 아이들 의견에 동의했다.

"어려운 문제구나. 그런데 똑같은 일이 다른 아이들에게도 매일 일어난단다."

"저도 그랬어요" 하고 안젤로가 말했다. "저도요." 넬슨도 덧붙였다. 스미타가 "저도 그랬어요"라고 말했다. 나는 스미타가 이런 문제를 갖고 있다는 것을 전혀 알아채지 못했다. 따돌림을 당하는 아이들은 누가 따돌림을 당하는지 알고 있었다. 그 내용을 교사에게 말하든 말하지 않든 말이다.

나는 아이들을 바라보며 말했다.

"클라라에게 그런 일이 생기자, 클라라는 울면서 자기 사물함 속에 들어가 앉아 있었어. 선생님이 사물함 속에서 클라라를 찾아냈고, 우리는 클라라와 함께 놀아 주지 않은 아이들을 찾아갔단다. 리사는 그때 다른 어떤 친구도 더 이상 놀이에 들어오는 걸 원하지 않는다고 하더구나.

아무도 필요 없다고 했어. 하지만 선생님은 말했단다. '클라라가 너희를 필요로 해. 비록 너희는 클라라가 필요 없다고 생각하더라도 말야.'"

신시아가 눈을 아래로 깔면서 말했다.

"저는 클라라랑 놀고 싶었어요."

"하지만 놀이를 시작한 건 저였어요! 그러니까 결정도 제가 하는 거예요!"

리사가 얼굴이 빨개져서 소리쳤다. 눈에는 눈물이 그렁그렁했다.

"알았어요. 그러면 제가 놀지 않겠어요. 다시는!"

다른 아이들은 이 한 편의 드라마의 출연자들을 지켜보았다. 나는 목소리가 잠겼으나 드라마의 해설자 역할을 계속해 나갔다.

"그래서 선생님은 클라라를 돕고 싶다고 생각했어. 그렇지만 그러기 위해서 리사와 신시아의 놀이를 망치는 것은 과연 공정한 것일까? 그리고 클라라를 끼워 주는 것은 정말 그 아이들의 놀이를 망치는 것일까? 그렇다면 얼마나 망치는 것일까? 선생님은 어떻게 해야 할지 결정할 수가 없었단다. 다행히 메리 루이스가 다가와서 클라라와 같이 놀겠다고 했지."

목청을 가다듬기 위해 헛기침을 하면 목이 더 아팠다. 나는 항상 가지고 다니는 물로 목을 천천히 적셨다. 의사의 특별 처방은 크게 이야기하지 말고 물을 많이 마시라는 것이었다. 나는 나직이 말했다.

"머릿속에서 그 문제가 떠나질 않는단다. 학교에서 놀이를 할 때 다른 아이를 제외시키는 행동이 공정할까? 어쨌든 이 교실은 우리 모두가 소유하는 곳이잖아. 교실은 집처럼 개인적인 공간이 아니야."

"까치가 사는 곳처럼요" 하고 안젤로가 말했다.

"키다리 소나무 왕국 말이니?"

나는 안젤로가 까치 이야기를 언급한 것에 대해 깜짝 놀랐고, 감동을 받았다. 요즘 들어서 아이들이 까치에 대해 말할 때마다, 나는 아이들이 나에게 사랑에 대해 말하는 것 같은 기분이 들었다.

"네, 모든 아이가 함께 놀 수 있는 장소요. 맞지요, 선생님?"

"그럴 거라고 생각해."

하지만 나는 확신할 수는 없었다.

"낯선 곳에서 사는 게 두렵지 않았니, 까치야?"

나는 까치 이야기의 새로운 장을 완성했다. 하지만 내 목소리는 이 이야기를 아이들에게 소리 내어 읽어 줄 수 있는 상태가 아니었다. 요즘 나는 해 뜨기 전에 일어나 꿀을 탄 뜨거운 차를 마시며 까치 이야기를 쓰는 데 몰두하고 있다. 다행히도 내 조교인 세라 윌슨 선생님은 내가 공책에 급하게 휘갈겨 쓴 손글씨도 잘 알아보았다.

무리에서 떨어져 조용히 앉아 있는 지금, 마치 "너랑은 안 놀아!"라는 말을 들은 것처럼 고독이 엄습한다. '내가 유치원에 다닐 때, 아이들 무리에 들어가지 못하는 걸 두려워하며 느끼던 감정이 이런 것일까?' 하고 생각해 본다.

카림 왕자는 놀라서 의자를 뒤로 밀어내며, 책상 위에 앉은 예상치 못한 손님을 빤히 쳐다보았다.

"까치? 까치라고? 잠시만 기다려라."

왕자는 두꺼운 책을 찾아 빠르게 책장을 넘기기 시작했다.

"ㄱ, ㄲ, ㅏ, ㅊ……. 아, 여기 있네. 까치. 노란색 부리를 가진 까치는 무지갯빛으로 빛나는 검은 깃털을 가지고 있으며, 날개의 일부와 배는 흰 빛깔이고 긴 꼬리를 가지고 있다. 색색의 물건들을 모으길 좋아하며, 사람의 말이나 다양한 새소리를 흉내 낼 수 있다."

왕자는 책을 덮고 미소를 지었다.

"음, 이 사전은 까치에 대해 모든 내용을 담고 있지는 않구나. 까치가 사람처럼 이렇게 말을 잘할 수 있다니. 그런데 너는 정말 사전에 나온 것처럼 색색의 물건들을 모으니? 아, 이렇게 꼬치꼬치 캐물어서 미안하구나. 하지만 새를 연구하는 것이 나의 취미란다. 나는 새들에 대한 책을 쓰고 있어."

까치는 기뻤다.

"그럼 왕자님도 저처럼 이야기꾼이네요."

애나벨라 공주는 아빠 무릎 위에 앉아, 미소를 지으며 아빠를 올려다보았다.

"하지만 아빠가 쓰시는 이야기는 실제 이야기들이란다. 까치 네가 들려주는 이야기들은 꾸며 낸 이야기지만."

까치가 정중하게 대답했다.

"아, 애나벨라. 내 이야기도 이 책들 속에 담겨 있는 이야기처럼 진실된 것이란다. 내가 조금 전 들려준, 새가 되고 싶어 했던 외로운 공주 이야기는 네 마음속에 정말로 살아 있으니까. 너의 다른 생각들과 마찬가지로 말야."

"네 말이 맞구나, 까치야" 하고 왕자가 동의했다. "너랑 나는 서로 다른 방식으로 이야기를 하지만, 내가 새들에 관한 글을 쓰고 새 그림을 그리는 것은 아마 나 역시 새가 되어 날아가고 싶은 소망이 있기 때문일 거야."

까치가 방 안을 날아다니며 벽에 걸린 그림들을 자세히 관찰했다.

"왕자님이 그린 이 새들은 금방이라도 하늘로 날아갈 것만 같네요."

까치는 다시 책상으로 돌아와, 애나벨라가 차를 따르는 것을 바라보

았다. 까치와 아빠의 차는 큰 컵에, 자신과 마루스카의 차는 작은 인형 컵에 따랐다.

까치는 왕자를 향해 돌아서더니 깡충 뛰어 가까이 다가갔다.

"개인적인 질문을 해도 될까요, 카림 왕자님?"

왕자가 차를 저으며 대답했다.

"물론이지. 물어보고 싶은 게 있으면 무엇이든 물어보거라."

"그렇다면 솔직히 여쭤볼게요. 새와 아이들을 사랑하는 왕자님과 애나벨라가 어떻게 새도 아이들도 없는 곳에서 살게 되었나요?"

진한 회색빛 머리카락을 가진 왕자가 부드럽게 딸의 팔을 쓰다듬으며 창문 밖을 바라보았다.

"내 아내가 살아 있을 때는 이곳도 지금과는 아주 다른 모습이었어. 아내가 아름다운 목소리로 노래를 부르면 새와 사람들이 먼 곳에서 그 소리를 듣고 찾아오곤 했지. 이 숲은 노래와 웃음으로 가득 찼었단다."

왕자는 손수건을 꺼내서 눈물을 닦았다. 애나벨라가 아빠의 볼에 입을 맞추고 이야기를 이어 갔다.

"엄마가 돌아가신 후, 새들이 한 마리씩 떠나갔고, 곧 사람들도 하나둘 떠나갔어. 까치야, 세상에는 견디기 힘든 슬픔 같은 게 있을까?"

❋ ❋ ❋

내 목소리는 아주 조금 나아졌을 뿐이다. 하지만 애리조나 주에서 초청받은 강연 약속을 취소할 수는 없는 상황이었다. 이것을 마지막으로 쉰 목이 회복될 때까지는 더 이상 강연을 하지 않을 작정이다.

애리조나로 떠나기 전에, 나는 머릿속에서 맴도는 문제에 대해 다시 한 번 아이들과 이야기를 나누었다. 나는 비행기 안에서 그 토론 내용을 다시 들으려고 녹음을 해두었다. 아이들의 목소리를 반복해서 듣는 것은 문제를 명확하게 파악하는 데 도움이 되었다. 처음 들을 때는 알아들을 수 없는 것도 계속해서 듣다 보면 나아지기 때문이다.

선생님   한 친구가 다른 친구를 무리에 들어오지 못하게 하는 것을 허용해야 할까? 선생님이 생각하는 좋은 규칙은 이거야. "너랑 안 놀아"라고 말하지 않기.

벤   어떤 아이가 울면 그 아이를 끼워 주어야 해요.

선생님   만일 그 친구가 울지는 않지만, 슬픔을 느끼면 어쩌지? 선생님이 가서 무조건 같이 놀아 주라고 말해야 할까?

아이들   아니요.

셰일라   만일 놀고 있는 아이들이 어떤 애랑 같이 놀고 싶어 하지 않는다면, 그 애는 그냥 다른 데로 가야 해요. 그리고 선생님께서 "너를 더 좋아하는 다른 친구들을 찾아보자" 하고 말씀하시는 게 좋을 것 같아요.

안젤로 리사랑 쟤는 클라라를 끼워 주어야 해요. 왜냐하면 저 아이들도 항상은 아니지만 클라라를 좋아할 때도 있거든요. 그러니까 클라라를 놀이에 끼워 주어야 해요.

넬슨 저 아이들은 클라라랑 많이 놀아 주지 않아요. 그러니까 클라라를 같이 놀게 해줘야 해요.

선생님 안젤로와 넬슨은 너희가 어떤 아이를 좋아하지 않거나 그다지 함께 놀고 싶지 않더라도, 그 아이에게 함께 놀 기회를 주어야 한다고 생각하는구나. 자, 그럼 우리 지금부터 그렇게 해볼까? 음…… 이 생각이 아무래도 너희 마음에 들지 않나 보구나.

찰리 저 같으면 클라라를 끼워 주겠어요.

선생님 찰리, 너는 벤이랑 놀 때, 항상 다른 아이들도 같이 놀게 해주었니?

찰리 특별한 경우가 아니라면요.

벤 우리가 변신놀이를 할 때, 넬슨이 같이 놀고 싶어 했어요. 문제는 항상 그런다는 거죠. 하지만 우리가 놀이를 멈출 수는 없잖아요. 그래서 저는 찰리가 결정하는 대로 하겠다고 했죠. 저는 어떻게 해도 상관이 없고, 찰리가 대장이었으니까요.

넬슨 두 사람 모두 결정할 수 있는 거잖아요.

안젤로 저 아이들은 항상 다른 애들을 더 좋아해요.

와카 저는 둘 중 한 사람이 찬성한다면 끼워 줘야 한다고 생각해요. 하지만 둘 다 원하지 않는 아이라면 다른 아이들을 찾아봐야죠. 우리 형이 그렇게 말했어요. 형은 4학년이에요.

선생님 그러면 이 문제에 대해 너희보다 높은 학년의 선배들에게 물어봐야겠구나.

안젤로 누구든 함께 놀고 싶어 하는 아이는 끼워 주기로 해요.

리사 그렇다면 도대체 뭐하러 놀이를 해요?

넬슨 넌 그저 신시아랑만 놀고 싶어 하잖아.

리사 난 혼자서도 놀 수 있어. 왜 클라라는 혼자서 못 놀아?

안젤로 난 그건 정말 슬픈 거라고 생각해. 혼자 있는 사람들은 눈물이 나거든.

리사 난 같이 놀고 싶지 않은 아이가 와서 놀자고 하는 게 더 슬퍼.

선생님 그렇다면 누가 더 슬플까? 같이 놀고 싶지만 놀 수 없는 아이랑, 놀고 싶지 않은 아이와 놀아야 하는 아이 중에서?

클라라 같이 놀 수 없는 아이요.

리사 억지로 같이 놀아야 하는 아이도 똑같이 슬퍼요.

안젤로 클라라가 더 슬플 거예요. 왜냐하면 클라라는 자기 사물함 안으로 숨어 버렸잖아요. 하지만 리사는 여전히 언제든 놀 수 있으니까요.

리사 나도 슬플 땐 놀 수 없어.

이 얼마나 명확하게 문제점이 드러나고 있는가. 나중에 이 대화를 학년이 좀 더 높은 아이들에게 들려주었을 때, 그들은 안젤로와 클라라의 말에 모두 동의했다. 하지만 현실적으로는 리사처럼 행동한다는 것도 인정했다.

어느 누구도 이 규칙을 강요하는 것을 원하지 않았다. 하지만 지금 이대로라면 클라라는 여전히 홀로 자기 사물함에 들어가 위안을 찾을 것이고, 안젤로는 모든 사람을 낯선 사람처럼 쳐다볼 것이다. 뿐만 아니라 찰리는 대장 노릇을 하는 데 익숙해질 것이고, 리사는 어느 날은 클라라를 밀어낼 것이며 또 어떤 날은 스미타를, 그리고 그다음에는 신시아마저 몰아낼 수 있을 것이다.

아이들의 세계에서 '따돌림'은 공공연한 놀이 법칙의 일부이며, 모두가 알다시피 이 놀이의 법칙은 곧 인생의 법칙이 될 것이다.

비행기에서 녹음 내용을 듣다가 "그렇다면 도대체 뭐하러 놀이를 해요?"라는 애처로운 리사의 말을 생각해 보았다. 그리고 "넌 그저 신시아랑만 놀고 싶어 하잖아"라는 넬슨의 지적도 떠올려 보았다.

놀이의 주된 목적은 친구를 만들고 그 관계를 유지하는 것일까, 아니면 누가 대장인지를 정하는 것일까? 만일 놀이에서 '소유'가 우선시된다면, 그 독점적 소유권을 뿌리 뽑으려는 시도가 과연 성공할 수 있을까?

다음 날 아침 해가 뜰 무렵, 나는 오렌지색 꽃이 달린 키 큰 선인장 옆을 달리면서 몇 가지 기본 전제들을 확실하게 파악하고자 했다. 무엇보다도 놀이는 즐겁게 이루어져야 하고 그 자체가 즐거운 것이어야 한다.

놀이에 우정이 결부되어 있는 것은 분명하지만 그 선후 관계는 애매하다. 놀이는 우정으로부터 시작되고, 또 우정은 놀이로부터 시작된다. 이 관계는 양방향으로, 그리고 동등하게 작용한다. 그러나 아이들은 이것을 확신하지 못한다. 또한 아이들이 자라날수록 이에 대한 의심은 더욱 커져만 간다.

내가 가르치는 아이들은 이제 막 인생의 깊은 우물, 유아기와 가정이라는 사적인 세계에서 벗어난 아이들이다. 소유욕과 질투심, 이 둘은 유아기와 가정이라는 세계에서 결코 떼어 낼 수 없는 요소이다. 그러다가 아이들은 학교라는 곳을 만나게 된다.

학교는 공적 공간에 처음으로 노출되는 장소이다. 아이들은 교실과 교재와 선생님을 다른 아이와 나누어 가져야만 한다는 것을 배운다. 어쩌면 이 공적인 공간에서 '모두에게 열린 기회'라는 새로운 개념이 아이들 사이에 자리 잡게 할 수도 있을 것이다. 우리가 그것을 하나의 목표로 삼기만 한다면 말이다.

동등한 참여는, 물론 모든 수업의 초석이 된다. 이 개념은 일반적으로 자유 놀이를 제외한 모든 것에 적용된다. 자유 놀이는 개인적인 영역으로 간주되기 때문이다. 하지만 사실상 놀이, 짝 만들기, 무리 짓기에서 자유롭게 받아들여지는 것이야말로 모든 아이에게 가장 중요한 문제다.

우리는 민주적인 교실 안에서 거의 대부분의 문제를 투표를 통해서 결정한다. 그러나 한편으로는 아이들이 대장에게 힘을 부여하고 반 친구들을 따돌리는 것을 허용하기도 한다.

주먹 세계의 보스들은 오래전에 거리에서 사라지고, 한때 특권 계층에게만 출입을 허락하던 사교클럽들이 일반인에게도 그 문을 개방하고 있는 시점에, 우리는 아직도 아이들이 교실과 운동장에서 배타적인 영역을 형성하는 것을 허용하고 있는 것이다.

"사람이 살면서 한 번도 거부당하지 않을 수는 없잖아요. 그러니까 학교에서 그런 경험을 해보는 게 나을지도 몰라요."

5학년짜리 소년이 나에게 해준 말이다.

"그래도 우리 교실이 바깥세상보다는 좀 더 나은 곳이 되어야 하지 않겠니?"

"하지만 그래도…… 조금씩 거부당하는 데 익숙해지면 진짜로 따돌림당했을 때 그렇게 비참한 느낌이 들지 않을 수도 있어요."

그 소년은 따돌림당하는 기분을 잘 아는 듯했다. 나는 포기하지 않고 5학년 학생들에게 말했다.

"그런데 선생님으로서 나를 괴롭히는 문제는 바로 이런 거란다. 너무나 많은 경우에, 해마다 늘 같은 아이들이 따돌림당하는 일이 일어난다는 것이지. 따돌림이라는 무거운 짐을 언제나 이 소수의 아이들만 떠안고 있어. 이 아이들은 점점 자신을 이방인처럼 느끼게 되지."

까치는 방금 들은 슬픈 말에 대해서 생각했다. 견디기 힘든 슬픔에 대해서 무슨 말을 할 수 있을까?

"나는 그 질문에 대해 뭐라 말해야 할지 모르겠구나. 하지만 내 이야기를 들려줄 수는 있어. 베아트릭스라는 마녀가 나를 구한 이야기를 들어 보겠니?"

왕자와 애나벨라가 조용히 귀 기울이자 까치가 이야기를 시작했다.

"음, 예전에 제가 알을 깨고 나오려고 할 때, 이유는 모르겠지만 혼자 버려졌다는 걸 알았죠. 제가 들어 있던 알은 높은 소나무 아래 이끼 덤불과 뾰족한 솔잎에 반쯤 파묻혀 있었어요. 저는 계속해서 알을 부리로 쪼았어요. 일단 한번 시작하면 멈출 수 없게 되거든요. 그것은 정말이지 너무 힘든 일이랍니다. 그러다 잠깐 쉬고 있는데, 머리 위에서 커다랗고

성난 목소리가 들렸어요. 그곳에는 소녀가 두 명 서 있더군요. 아마 애나벨라보다 조금 더 큰 아이들이었을 거예요. 두 아이는 서로 밀치며 다투고 있었어요. 저는 알 틈으로 그 광경을 똑똑히 보았어요. 처음에는 그 아이들이 자매인지도, 마녀인지도 몰랐어요. 하지만 곧 그 아이들이 저 때문에 싸우고 있다는 것을 알아차렸어요. 실비아가 나를 밟아 버리려고 하자 베아트릭스가 나를 건드리지 말라고 소리 질렀던 거지요. 이건 바로 까치 알이라고요. 아, 얼마나 밀고 싸웠는지 몰라요. 놀라운 건 제가 부서지지 않고 멀쩡했다는 거예요. 실비아가 계속 가까이 와서 발을 제 위에 올려놓고 있었거든요. 실비아의 신발 밑창을 바로 제 코앞에서 볼 수 있을 정도였어요."

애나벨라가 손으로 자기 얼굴을 가렸다.

"아, 까치야. 정말 끔찍하구나! 얼마나 무서웠을까."

까치가 고개를 끄덕였다.

"응. 나는 정말이지 겁에 질려 얼어 버렸어. 그 일이 아직도 생생하게 기억난단다. 베아트릭스는 까치가 특별한 새, 행복을 가져다주는 새라고 설명했어. 하지만 실비아는 그 말에 전혀 관심을 보이지 않았지."

카림 왕자가 물었다.

"까치가 행복을 가져다준다는 말이 사실이니, 까치야? 백과사전에는 그런 설명이 없던데."

"뭐, 베아트릭스는 그게 사실이라고 믿었어요. '실비아, 저리 가' 하고 동생에게 경고했거든요. '내가 이 불쌍한 고아를 돌봐 줄 거야. 더 이상 괴롭히면 가만 안 두겠어!' 그러자 실비아는 분해서 발을 구르며 떠났고 베아트릭스는 저를 위해 둥지를 만들기 시작했어요. 베아트릭스는 까치 둥지가 어떻게 생겼는지 잘 알고 있더군요. 까치 둥지는 짚으로 만든 작은 오두막같이 생겼거든요."

애나벨라는 궁금해졌다.

"까치야, 베아트릭스가 너에게 왜 그렇게 잘해 주었을까? 마녀들은 보통 나쁘지 않니?"

"베아트릭스는 자신이 마녀가 되기에 적합하지 않다고 말했어. 마녀

가 될 만큼 심술궂지 않거든. 아, 베아트릭스도 물론 못되게 굴 때가 있어. 특히 질투심을 느꼈을 때 그렇지. 하지만 대개는 그저 너처럼 즐겁게 노는 것을 좋아한단다. 그런데 베아트릭스의 동생들은 진짜 마녀 같아. 그 아이들이라면 베아트릭스처럼 나를 보호해 주지 않았을 거야. 베아트릭스는 나를 자기 아이처럼 길렀어. 그래서 그곳에 나 말고 다른 까치들이 살지 않았는데도 나는 그곳에 남아 있기로 결정했지. 베아트릭스가 사는 키다리 소나무 왕국, 그곳이 내 고향이 되었단다."

카림 왕자가 큰 종이 위에 까치의 모습을 그리기 시작했다. 손에 쥔 색연필을 빠르게 움직여 종이를 색과 선으로 채워 나갔다. 곧 까치의 머리가 나타났고, 이어서 꼬리도 나타났다. 스케치가 완성되자, 왕자는 그 그림을 벽에 걸린 울새와 독수리 그림 사이에 붙였다. 그런 다음 다시 의자로 돌아와, 탁자 주변에서 숨바꼭질을 하고 있는 애나벨라와 까치를 바라보았다.

잠시 후, 카림 왕자가 말했다.

"낯선 곳에서 사는 게 두렵지 않았니, 까치야? 만일 애나벨라와 내가 그곳에서 살아도 역시 행복할 거라고 생각하니? 그곳에서 우리는 이방인일 텐데."

애나벨라의 눈이 휘둥그레졌다. 아빠가 정말 우리 성을 떠나 낯선 왕국에서 살기를 원하시는 걸까? 애나벨라가 큰 소리로 외쳤다.

"우리는 이방인이 아닐 거예요, 아빠! 이미 까치와 친구가 되었잖아요. 그리고 전 알렉산드라 공주에 대해서도 조금 알고 있어요. 아, 베아트릭스도 알고요!"

까치가 들떠서 방 안 여기저기를 날아다니다가, 제일 높은 책 더미 위에 앉아서 말하기 시작했다.

"키다리 소나무 왕국에는 열네 명의 아이들이 살고 있어요. 그 아이들은 모두 작은 학교에 다니고 있지요. 그리고 그곳에는 수십 가지 종류의 다양한 새들이 살고 있어요. 제가 세어 본 딱따구리의 종류만 일곱 가지가 된답니다. 아, 그리고 그곳에는 아무도 살지 않는 작은 오두막도 있어요!"

왕자가 일어나서 딸의 손을 잡았다. 그러고는 까치를 향해 말했다.

"우리의 친구 까치야, 아마 어떤 마법의 힘이 너를 우리 곁으로 보내 준 것 같구나. 나는 그런 마법이 일어날 수 있다고 믿는단다. 그럼 너의 왕국으로 가는 방법을 우리에게 가르쳐 주겠니?"

까치가 날개를 펄럭거리며 휘파람을 불었다.

"그보다 더 좋은 생각이 있어요. 왕자님, 어서 짐을 꾸리세요. 제가 직접 길을 안내할게요!"

❋ ❋ ❋

키다리 소나무 왕국에는 열네 명의 아이들이 살고 있어요. 그 아이들은 모두 작은 학교에 다니고 있지요.

아, 행복하겠다. 어떻게 그 아이들은 모래놀이 시간에 사이좋게 지낼수 있을까? 우리 교실에서는 불가능한 일이다. 마치 모든 아이가 다른 아이들의 놀이를 망치기로 작정이라도 한 것 같다. 나는 이토록 어지러운 상황 속에서 잘잘못을 가리거나 문제를 해결할 엄두도 내지 못했다. 그저 모래놀이 상자를 덮어 버리는 것이 최선일 듯싶었다.

거대한 독수리가 오렌지색 꽃 위로 기습적으로 내려앉았다. 그바람에 꽃들이 모두 산비탈로 굴러떨어지고 말았다.

"모래를 각자의 구역으로 나누고 따로따로 놀면 안 되겠니?"
나는 쉰 목소리로 아이들에게 소리쳤다.
"너희 정말 너무들 싸우는구나. 이야기를 들을 수가 없잖니."
"안젤로가 먼저 시작했어요" 하고 찰리가 말했다.
그러자 안젤로가 화가 나서 반박했다.
"쟤네가 제 모래를 뺏어 가려고 했어요. 제 모래더미에서요. 쟤네 너무 못됐어요. 저 갈래요!"

안젤로는 바지에 손을 문지르고, 모래놀이 상자로부터 모랫길을 만들며 다가왔다. 그러고는 힘겨운 듯 고개를 푹 숙이고 시선을 떨구었다. 잠시 후, 안젤로가 벌떡 일어나서 말했다.

"선생님, 제가 이야기 하나 해도 될까요?"

"좋아. 네 이야기를 듣고 싶구나."

내가 파일들 사이에서 안젤로의 공책을 꺼내며 말했다. 안젤로가 이야기를 시작하자 탁자 주위에 고요함이 내려앉았다. 모래놀이를 하는 아이들은 여전히 소란스럽게 떠들며 싸움을 하고 있었지만.

"몇 명의 남자들이 숲 속에서 사냥을 하고 있었어요. 그런데 언덕 위에 무언가 보여서 언덕을 올라가기 시작했어요. 꼭대기까지 올라가자, 덫에 걸린 아기 여우가 있는 것이었어요. 사냥꾼들은 아기 여우를 꺼내 주려고 했지요. 아기 여우는 엄마를 부르면서 울고 있었어요. '걱정 마, 아기 여우야. 우리가 너를 집으로 데려다 주고 불도 피워 줄게.' 사냥꾼들은 아기 여우를 해치려는 것이 아니라 도와주려는 것이었어요. 사냥꾼들이 아기 여우를 집으로 데려다 줬는데 엄마 여우가 집에 와 있는 게 아니겠어요. 아기 여우는 '엄마가 죽은 줄 알았어요' 하고 말했죠. 사냥꾼은 '거봐라, 엄마가 살아서 돌아오셨잖니'라고 말했어요. 그리고 불을 피워서 여우를 따뜻하게 해줬어요."

클라라도 이야기를 들려주고 싶어 했다.

"작은 고양이가 있었어요. 어린 소녀도 있었죠. 소녀의 이름은 리사였고 고양이 이름은 클라라였어요. 소녀와 고양이는 함께 살았답니다."

몇 년 동안 나는 아이들이 지어낸 이러한 이야기, 어린아이들의 창작 동화를 기록해 왔다. 아이들의 목소리가 스며들어 와서, 내 의식의 일부가 되었다.

내가 만약 "네 얘기는 듣고 싶지 않구나, 안젤로"라고 말한다면 어떻게 될까? 또 "클라라, 선생님은 좀 더 재미있는 이야기를 만들 수 있는 아이의 이야기를 듣고 싶구나"라고 말한다면? 물론 그런 일은 절대 일어나지 않을 것이다. 그러나 나는 아이들의 놀이에서 이미 이런 일이 일어난다는 것을 알고 있다.

"애리조나에 사는 선생님들에게, 한 아이가 다른 아이에게 같이 놀 수 없다고 말하면 어떻게 하시는지 물어보았어."

아이들은 벌써 나의 애리조나 여행에 대한 호기심으로 가득 차 있었다. 왜냐하면 내가 오렌지색 꽃으로 덮인 큰 선인장을 보자 새로운 까치 이야기가 떠올랐다고 말해 주었기 때문이다.

"그 선생님들은 어떻게 하시나요?"

몇몇 아이들이 물었다.

"일단 아이들에게 다른 아이를 친절히 대하라고 설득하고, 서로 사이 좋게 놀게 하신단다. 그렇지만 그것이 잘 안 되면, 우리가 한 것처럼 따돌림당한 아이가 다른 놀이 친구를 찾도록 도와주신대."

나는 아이들에게 '따돌림'이란 말을 이미 가르쳐 주었다. 완곡한 표현은 소용없다. 놀이에서의 따돌림은 다가올 모든 따돌림의 전조가 된다. 물론, 이 느낌은 이 시기보다 훨씬 이전에 인생의 첫 번째 분리를 경험

할 때 느껴 봤을 것이다. 우리는 학교에 혼자 남겨질 때 매우 상처를 받기 쉽다.

"애리조나의 몇몇 선생님은 그냥 아이들 스스로 이러한 문제를 알아서 해결하도록 두는 것이 최선이라고 생각하셔."

"우리 스스로 무엇을 알아서 해결해요?"

찰리가 나에게 물었다.

"너희의 놀이와 너희의 이야기. 선생님이 이런 놀이를 하라든가 저런 이야기를 하라고 말하지 않잖아."

그러자 스미타가 말했다.

"선생님은 우리에게 무엇을 그리라는 말도 하지 않으세요. 그런데 제니퍼는 항상 저에게 이걸 그려라 저걸 그려라 얘기해요."

"제니퍼는 친구들에게 조언하는 것을 좋아하니까. 하지만 넌 항상 제니퍼의 말을 따르지는 않지?"

안젤로는 내가 그밖에 어떤 것들을 아이들에게 지시하지 않는지 궁금해했다.

"선생님은 또 너희에게 어떤 생각이나 의견을 가져야 한다고도 말하지 않아."

사실 이 대답은 조금은 솔직하지 못한 대답이었다. 특히 지금 나는 아이들에게 놀이에 대한 새로운 질서를 독단적으로 밀어붙이려 하고 있지 않은가.

"자, 깔개 있는 곳으로 가자. 그리고 다 같이 앉아서 한번 이야기해 보

자. 하지만 너희가 무엇을 말해야 할지 강요하지는 않을 거야."

나는 서둘러 요점을 이야기했다.

"그리고 선생님은 너희 모두의 의견을 들을 거란다."

"그러면 우리는 돌아가면서 차례로 이야기해야 해요."

아이들이 이토록 진지하게 내 역할에 대해 따지고 든 것은 이번이 처음이었다. 내가 무언가 자기들이 좋아하지 않는 방향으로 바꾸려는 것을 느낀 것일까? 스스로 결정하는 것에 대해 강한 의지를 보이는 이 아이들 앞에서, 내가 과연 '자유로운 참여'라는 규칙을 시행할 권리나 의무를 가지고 있는 것일까?

"어쨌든, 나는 그곳의 선생님들에게 이런 이야기를 했단다. 따돌림을 받는 아이들은 수업도 잘 따라가지 못할 게 확실하다고. 너무 슬퍼서 공부에도 집중할 수가 없을 거라고."

"클라라가 너무 슬퍼서 집중할 수가 없나요?"

신시아가 물었다.

"아직은 그렇지 않단다. 하지만 클라라든 누구에게든 앞으로 그런 일이 일어나기를 바라지는 않지? 너희도 친구들 중 누군가가 독수리 둥지에 붙잡힌 오렌지꽃 왕자처럼 슬퍼지는 것을 바라지는 않을 거야."

"오렌지꽃 왕자가 누구예요?"

"곧 알게 될 거야. 선생님이 애리조나에 있는 동안 만든 이야기에 나오는 인물이야."

"그리고 또 선생님이 우리에게 시키지 않는 것이 뭐가 있나요?"

클라라가 끈질기게 물었다. 클라라가 다른 아이들보다 무엇인가를 더 집요하게 묻는 것은 매우 드문 일이었다.

"선생님은 아이들에게 '클라라를 너희 집에 초대해서 같이 놀아라. 클라라가 그렇게 하고 싶어 하니까'라고 말하지도 않는단다."

클라라의 눈이 마치 비밀이라도 들은 것처럼 커졌다.

"하지만 선생님은 이제 모든 아이에게 그렇게 하라고 말해야 할 것 같구나. 클라라, 너는 어떻게 생각하니?"

"좋아요!"

클라라가 큰 소리로 대답했다.

까치는 외로움에 대해 잘 알고 있었다. 까치 역시 아직 알 속에 있을 때 혼자 버려져 길을 잃고 외로웠던 적이 있기 때문이다.

"먼저 선생님은 좀 더 높은 학년의 아이들과 이야기를 나누고 싶어. 봄 방학이 끝나고 학교에 오면 선생님은 1, 2, 3, 4, 5학년 아이들을 모두 만나 볼 생각이란다."

아이들은 학년을 하나하나 숫자를 붙여 호명하는 것을 듣기 좋아했다. 윗학년의 형제자매를 둔 아이들조차 숫자가 붙은 학년에 대해서는 일종의 경외감을 느꼈던 것이다.

"자, 언니와 형들이 〈'너랑 안 놀아'라고 말하지 않기〉 규칙에 대해 어떻게 생각하는지 한번 알아보자."

카림 왕자와 애나벨라는 곧 두 개의 큰 트렁크에 짐을 꾸렸다. 하나는 옷과 인형들로, 또 하나는 책과 학술잡지로 채워 넣었다.

"책을 단 한 권이라도 두고 가느니 차라리 내가 마차에서 내려 걸어가는 게 나아."

왕자는 말에 마구를 달면서 애나벨라에게 말했다. 그런 다음 까치에게 연필과 종이를 주면서 지도를 그려 달라고 부탁했다.

"네, 지도는 꼭 필요하지요. 그런데 제가 정확히 그릴 수 있을지 모르겠네요. 저는 새가 날아다니는 길만 잘 알고 있어서요."

까치는 종이 위를 왔다 갔다 뛰어다니더니, 부리로 연필을 집어 들고 종이의 왼쪽 위 모서리에 X 표시를 했다.

"이곳이 현재 우리가 있는 곳이에요. 우리가 가려는 곳은 바로 저기

고요."

까치는 반대쪽으로 반쯤 내려가서 또 다른 X를 그려 넣었다. 그런 다음 약간 위로 올라가서 두 개의 X 사이를 날아 보았다.

"아, 훨씬 낫네요. 이렇게 하니 이제 기억이 잘 나요."

까치는 우선 똑바로 직선을 그리기 시작했다. 그러더니 다음에는 곡선을, 마지막으로 바다 같은 물결 모양을 그렸다.

"됐어요. 이 직선 길을 따라 하루 정도 달려가면 거대한 사막의 끝에 도달하게 될 거예요. 그다음, 몇 개의 높은 산을 통과하는 구불구불한 길을 지나가게 될 거예요. 저는 이곳을 날아서 지나갈 때마다 항상 산봉우리의 개수를 세어 본답니다."

까치는 흰색 색연필 하나를 집어, 여섯 개의 눈 덮인 산봉우리를 그렸다. 그다음 물결 모양의 곡선을 푸른색으로 칠했다.

"이것은 은빛 바다예요. 여기서 배를 기다렸다가 그걸 타고 바다를 건너야 할 거예요. 이 바다만 건너면 거의 다 도착한 거나 마찬가지예요. 반대쪽 해안가는 소나무숲인데, 어찌나 무성한지 단단한 벽처럼 보인답니다. 그곳이 바로 키다리 소나무 왕국의 입구예요."

"내가 나무를 그릴게, 까치야."

애나벨라가 갈색과 초록색 색연필을 집으며 말했다. 잠시 후, 두 번째 X자는 커다란 나무들에 빽빽이 둘러싸였다.

왕자는 지도를 둘둘 말아 들고, 마지막으로 자신의 성을 바라보았다. 그러고는 "이랴!" 하고 외치며 말고삐를 흔들었다.

"자, 출발! 이랴! 이랴!"

왕자와 애나벨라는 고요한 숲을 떠나 언덕진 목초지를 지나가면서 깊은 생각에 잠겼다. 하지만 거대한 사막에 도착하자, 그들은 갑자기 기분이 밝아졌다. 놀랍게도 길의 양 옆에는 거대한 선인장 나무가 줄지어 있었고 나무마다 꽃이 가득 피어 있었던 것이다. 선인장은 멀리서 보면 오렌지색과 보라색 꽃을 가득 든 손을 쭉 뻗고 있는 거인처럼 보였다.

"와, 우리 여기서 잠시 쉬었다 가면 안 될까요, 아빠? 꽃 냄새를 맡아보고 싶어요."

마차가 잠시 멈추고, 애나벨라가 뛰어내렸다.

"나는 저 꽃을 한번 그려 봐야겠구나. 까치야, 우리는 사막을 처음 보았단다. 저 꽃의 모양과 빛깔이 너무나 놀랍구나. 애나벨라, 나중에 꽃을 자세히 그릴 수 있게 오렌지색과 보라색 꽃을 한 송이씩 꺾어다 줄 수 있겠니?"

그런데 애나벨라가 오렌지색 꽃 하나에 손을 뻗는 순간, 꽃잎이 화들짝 닫혀 버렸다. 애나벨라가 날카로운 가시를 피해서 조심스럽게 다른 꽃을 따려고 했지만, 그 꽃 역시 순식간에 꽃잎을 닫았다. 그때 애나벨라는 꽃 속에서 속삭이는 소리를 들었다.

chapter 2

"너랑 안 놀아"
라고
말하지 않기

　봄 방학이 끝난 후, 나는 초등학교의 상급 학년 학생들과 토론 일정
을 잡았다. 일주일 동안 목을 아끼고 차를 많이 마신 덕분에 내 목소리
는 확실히 회복되었다. 나는 〈'너랑 안 놀아'라고 말하지 않기〉라는 규칙
이 공개적인 심사를 받게 될 기회를 간절히 바라고 있었다.

　선생님들은 매우 협조적이었고 큰 관심을 보여 주었다. 그간 내가 보
인 열성을 익히 알고 있기도 했고, 이 문제의 심각성에 대해서는 그들도
크게 공감하고 있던 터였기 때문이다.

　그동안 선생님들은 일반적으로, 외톨이가 된 아이가 무리 속에서 다
른 아이들에게 더 사랑받을 만한 특징을 가지도록 도와주는 데 관심을
쏟았다. 그런데 이번에 나는 조금 다른 방법을 제안했다. 어떠한 이유에
서든 아직 무리의 일부가 되지 못한 외부인에 대해 무리가 먼저 기대치

와 태도를 바꿔야 한다는 것이다.

나는 1학년들의 반응에 놀랐다. 아이들이 너무나 강렬하게 감정을 표현했기 때문이다. 실제로 초등학교 학생들은 각 학년마다 뚜렷하게 다른 방식으로 문제에 접근하는 양상을 보이긴 했지만, 그들 모두 하나같이 감정적으로 매우 강한 반응을 표출했다.

잠시 배경 설명을 한 후, 나는 두 가지 질문을 던졌다. "이 새로운 규칙은 공정한가?" 그리고 "이 규칙은 효과적인가?" 그러자 아이들의 머릿속에 있던 기억들이 물밀 듯이 쏟아져 나왔다. 아이들은 유치원 시절에 자신이 따돌림당했던 기억 하나하나를 결코 잊을 수 없는 모양이었다. 방금 일어난 일처럼 그때의 사건들을 생생하게 기억하고 있었다. 이들 중에 내가 가르쳤던 아이도 몇 명 있었는데, 내가 몰랐거나 잊어버린 사건을 사소한 부분까지 상세하게 이야기했다.

한 여자아이가 말했다.

"이런 일이 있었어요. 여자아이 두 명이 비슷한 인형을 가지고 놀고 있었거든요. 그 애들이랑 같이 놀고 싶었지만 제게 그런 인형이 없다는 이유로 끼워 주지 않았어요."

그러자 한 남자아이가 나서서 말했다.

"제가 아는 애들 중에도 그런 애들이 있었는데, 저를 놀이에 끼워 주지 않은 적이 여러 번 있어요. 하지만 그 아이들이 좋아하는 애가 오면 바로 놀이에 끼워 줬어요."

'따돌림'이라는 주제는 모든 아이에게 민감한 문제였다.

"우리가 놀이를 할 때요, 대장인 아이는 항상 좋은 역할만 하고 저한 테는 항상 도둑같이 나쁜 역할만 시켜요. 안 그러면 같이 놀 수 없대요."

"그런데 대장은 누가 되는 거니?"

"음…… 놀이를 시작하는 아이죠."

"왜냐하면 놀이를 시작하는 아이가 그 놀이를 어떻게 진행해야 할지 알고 있으니까요."

"아이들은 그 아이가 대장을 하게 돼요. 놀이를 하려면 누군가 지시 하는 사람이 있어야 하거든요."

조금 전 인형이 없어서 서러웠던 경험을 말한 여자아이는 그 의견에 동의하지 않았다.

"만약에 놀이를 시작한 아이가 어떤 아이를 싫어하는데 같이 노는 다 른 아이가 '얘도 놀이에 끼워 주자'라고 말한다면요? 놀이를 시작한 아 이는 안 된다고 말하겠죠. 하지만 다른 아이는 된다고 말할 거고요."

내가 그 소녀의 말을 다시 정리해 보았다.

"그래, 그러니까 놀이를 시작한 아이 말고 다른 아이가 '이 아이도 놀 이에 끼워 주자'라고 말할 수도 있다는 말이구나?"

사회적 결정에 대한 책임의 분담이라는 문제는 모든 학년의 아이들 에게 매우 까다로운 문제로 떠올랐다.

한 소년이 대답했다.

"네, 선생님. 하지만 만약에 어떤 애가 모두가 좋아하는 친구를 끼워 줬는데 조금 후에 우리 모두 싫어하는 아이가 와서 같이 놀자고 하면요? 그래서 애는 '좋아'라고 말하고 다른 애는 '안 돼'라고 말한다면요?"

말을 마친 소년은 동의를 구하며 주변을 천천히 둘러보았다. 이 아이들은 내가 개입하지 않아도 자기들끼리 토론을 진행해 나가고 있었다. 그만큼 이 주제는 너무나 선명했고, 한 개인의 문제로 넘겨 버릴 수 없을 정도로 고통스러운 문제였던 것이다.

"맞아! 그렇게 해서 좋아하는 친구가 떠나 버리면 어떡해. 봐, 이 규칙은 잘 진행되지 않을 거야. 모두를 화나게 할 뿐이지."

"저는 이런 일이 있었어요."

한 여자아이가 깔개 건너편 친구를 바라보며 말을 꺼냈다.

"아이들이 놀이를 할 때. 이 친구가 저를 끼워 주었어요. 애가 놀이를 제안한 건 아니었고요. 그런데 놀이를 시작하려고 할 때 갑자기 놀이를 제안했던 아이가 저를 쫓아내려고 했어요."

"그땐 이미 필요한 인원이 다 찼었거든."

여자아이가 바라보고 있던 친구가 설명했다. 그러자 그 옆에 앉은 남자아이가 말했다.

"그건 공정하지 않은데. 누구든 놀이를 시작할 때 이미 거기에 있었으면, 그 애도 놀이에 끼워 줘야 해."

전에 내가 가르쳤던 반이었던 남자아이가 내게 말했다.

"선생님이 만드신 규칙은 별로 효과가 없을 것 같아요. 보세요, 싸움이 줄어드는 게 아니라 오히려 더 많이 싸우게 될 수 있어요. 만일 어떤 아이가 누군가에게 '너랑 안 놀아'라고 말하는데 선생님이 말씀하신 규칙을 지켜야 하게 되면, 아이들은 그 규칙 때문에 싸우기 시작할 거예요."

"만약 그런 규칙이 없으면 어떨까?"

"그러면 놀이에 끼지 못한 아이는 그냥 가버리겠죠. 그게 더 나아요."

그때 한 여자아이가 불평 섞인 이야기를 하였다.

"저도 그 규칙을 이해하지 못하겠어요. 만약 제가 우리 언니들 두 명이랑만 놀고 싶은데, 계속 다른 아이들이 와서 같이 놀자고 하면 어떻게 하죠? 점점 더 많은 애들이 오면요? 너무 혼란스러워요."

"그래, 혼란스럽겠구나. 하지만 네가 놀이를 할 때 너무 많은 아이들이 너랑 놀고 싶어 해서 혼란스러웠던 일이 실제로 있었니?"

"아니요."

소녀가 짧게 대답했다.

"하지만 제가 싫어하는 아이가 같이 놀자고 하면 어떡하죠?"

잠시 침묵이 흘렀다. 우리 모두 낯설고 싫은 사람이 우리의 친밀한 놀이에 침입하는 상황에 대해 생각하는 중이었다. 잠시 아이들이 말을 멈춘 동안 나는 실제 일어난 이야기를 들려주었다.

"너희들 윌슨 선생님 알지? 그 선생님이 사시는 건물에는 뒷마당이 있는데, 근처의 다른 두 건물과 그 마당을 함께 쓴단다. 세 건물에 사는 아이들은 모두 그 마당에서 놀지. 그런데 그 아이들은 모두 간단한 규칙을 따른단다. '누구나 놀이에 참여할 수 있다'는 규칙이야. 한 아이가 마당에 나오면 나이 많은 아이들이 '너, 우리랑 놀고 싶니?' 하고 물어봐. 그리고 누군가 얄밉게 굴거나 싸우기 좋아하는 아이가 있으면 그러지 말라고 계속해서 얘기해 주는 거야. 그 아이가 깨닫고 착하게 놀 때까지."

아이들은 내 이야기에 매료되었다.

"너희는 월슨 선생님의 뒷마당에 대해 어떻게 생각하니?"

"아주 좋아요."

"정말로 멋진 아이들이네요."

"저도 거기에서 살고 싶어요."

"선생님도 그래. 우리 교실에서도 이런 일이 일어날 수 있을까?"

"아마도요."

내가 제안한 규칙이 더 많은 싸움의 원인이 된다고 걱정했던 남자아이가 말했다.

"규칙은 아주 공정해요. 하지만 사람들이 그만큼 공정하지 못한 게 문제죠."

그때 한 여자아이가 조용히 말했다.

"어쨌든 전 여자아이들끼리만 놀 수 있게 한다면 공정할 것 같아요."

그러자 그 옆에 있던 남자아이가 덧붙였다.

"남자아이들끼리만 놀 수 있게 하고요."

"하지만 만약 남자아이에 대해 궁금해하는 여자아이가 있으면? 그 여자아이는 남자 형제가 없어서, 남자아이들에 대해 좀 더 알고 싶어 한다면 어떻게 하지? 마찬가지로 여자아이들이 어떻게 노는지 궁금해하는 남자아이가 있으면 어떻게 할까?"

내 질문에 그 아이는 모두가 만족할 만한 해답을 내놓았다.

"그 여자아이에게 남자 형제가 있는지 물어보고 없다면 같이 놀게 해 주죠. 그리고 여자 형제가 없는 남자아이는 여자아이들이 함께 놀게 해 주고요. 그렇게 하면 공정할 것 같아요."

카림 왕자는 무슨 일이 일어났는지 듣고 얼굴을 찌푸렸다.

"꽃을 꺾지 않길 잘했다, 애나벨라. 아마 꽃들이 자기를 만지는 게 싫었나 보구나. 그렇지, 까치야?"

"물론이에요. 모든 생물은 자신이 처한 위험을 알아채지요. 아, 그리고 위험 얘기가 나와서 말인데요, 사막은 밤이 되면 아주 추워진답니다. 그림을 빨리 완성하시고 이제 다시 길을 떠나는 게 어떨까요? 그러면 어두워지기 전에 산에 도착할 수 있을 거예요. 그곳에서 밤을 보낼 동굴을 찾아야 해요."

왕자는 색연필들을 치우고 말을 재촉했다. 그리고 산기슭에 도착할 때까지 고삐를 늦추지 않았다. 마차가 길이 급격하게 구부러지는 곳에 이르렀을 때 삐죽삐죽한 절벽 뒤로 해가 사라지기 시작했다.

"여기서 머무르는 것이 좋겠다."

왕자가 가까운 동굴을 가리키면서 말했다. 그러고는 나무에 말을 묶고 이불, 베개, 색연필이 든 상자와 스케치북을 양팔 가득 안았다. 애나벨라는 마루스카와 음식 바구니를 가지고 왔다.

까치는 이미 동굴 속으로 이끼를 물어 오기 시작했다. 까치가 애나벨라에게 외쳤다.

"자, 저쪽에 있는 부드러운 풀 더미를 가져다주겠니? 여기서 편안하게 쉬려면 네 몸에 맞는 큰 둥지가 필요할 거야."

애나벨라는 인형을 숄로 감싸서 이끼를 모아 놓은 곳에 눕히고는 "잘 자라, 아가야" 하고 속삭였다.

"곧 우리의 새 집에 도착할 거야."

그런 다음 애나벨라는 담요 아래 깔 풀을 모으기 위해 밖으로 나왔다. 그런데 눈앞 절벽 위의 바위에 한 무더기의 꽃이 피어 있는 것을 보고는 꽃들을 향해 올라가기 시작했다. 그러고는 갑자기 외쳤다.

"아빠! 까치야! 저기를 좀 봐! 사막에서 본 선인장꽃과 같은 오렌지색 꽃이에요! 그런데 꽃들이 움직이고 있어요!"

왕자와 까치가 대답하기도 전에 거대한 독수리가 오렌지색 꽃 위로 기습적으로 내려앉았다. 그 바람에 꽃들이 모두 산비탈로 굴러떨어지고, 가장 작은 꽃 한 송이만 간신히 남아 있었다. 독수리는 그 꽃을 나꿔채서 날아올라, 높은 절벽 위에 있는 둥지 위로 가지고 가버렸다.

"앗! 검독수리다!"

왕자가 외쳤다.

"저 독수리가 왜 꽃들을 덮친 걸까? 그리고 어떻게 꽃들이 그렇게 움직일 수 있지?"

까치가 날개를 펼치며 말했다.

"제가 날아 올라가서 살펴볼게요."

그러자 애나벨라가 까치 앞을 가로막으며 소리쳤다.

"나도 갈래, 까치야! 이 바위들은 우리 집에 있던 나무보다 오르기 더 쉬워 보이는걸."

왕자도 인정했다.

"내가 보기에도 그렇구나. 나는 여기 남아서 말에게 먹이를 주고 있으마. 조심해서 다녀와라, 애나벨라."

까치가 초조한 기색으로 애나벨라를 따라 날아 올라갔다. 까치의 눈에는 아무래도 애나벨라의 팔과 다리가 자신의 날개처럼 믿음직해 보이지 않았다. 베아트릭스 같으면 어딘가 날아갈 필요가 있을 때 마법을 써서 갈색 나방으로 변신할 텐데. 물론 마녀가 아닌 애나벨라는 그렇게 할 수가 없다.

"까치야, 저것 좀 봐. 꽃들이 우리를 향해 손을 흔들고 있어."

"저건 꽃들이 아니야! 아주 작은 사람들이야! 네가 사막에서 꺾으려 했던 그 오렌지색 꽃의 꽃잎을 몸에 걸치고 있을 뿐이지. 저 독수리가 어린아이를 납치해 간 거야."

까치는 겁에 질린 채 다시 바위 위로 기어오르고 있는 작은 꽃 사람들에게 말을 걸었다.

"저기요! 저는 까치고, 이쪽은 애나벨라 공주입니다. 방금 일어난 일을 보았어요. 우리가 뭔가 도울 일이 없을까요?"

"제 이야기에도 독수리가 나와요!"

안젤로가 책상에 자리를 잡으며 나에게 말했다.

"그렇지만 아이를 납치하는 일은 안 해요. 제 독수리는 착한 독수리 거든요. 그 독수리가 저를 북극으로 데려다 주었어요. 그런데 어떤 아저 씨들이 독수리를 총으로 쏘려고 했어요. 하지만 맞추지는 못했지요. 그 러자 그 사람들이 대장에게 말했고, 대장은 자기 새총을 길게 당겨서 독 수리의 날개를 맞췄어요. 독수리는 너무 아파서 '악! 악!' 하고 소리 질 렀지요. 우리는 그곳을 힘겹게 빠져나와 북극에 도착했어요. 저는 그곳 에서 독수리 날개를 치료해 주었답니다."

넬슨이 안젤로 옆에 와서 털썩 앉았다. 그러고는 내가 안젤로의 이야 기를 받아 적는 것을 바라보며 불평을 늘어놓았다.

"선생님, 저 아이들이 저랑 안 놀아 줘요."

"그 아이들은 그냥 자기들끼리 놀고 싶은 거야."

안젤로가 말했다.

"그 아이들이 저더러 나쁜 악당 역할을 하래요."

넬슨은 낙심했다. 넬슨이 나쁜 사람이 되고 싶어 하지 않는다는 것은 모든 아이가 알고 있었다. 넬슨에게 나쁜 사람 역할을 맡기는 것은 넬슨 이 놀이를 포기하게 하는 데 아주 효과적인 방법이었다. 찰리와 벤은 이 점을 아주 잘 알고 있었다. 대장은 새총을 당겨 누구든 쏴서 쓰러뜨릴 수 있다. 내가 하는 일은 총 맞은 독수리 날개를 치료해 주는 것과 같았다.

나는 찰리와 벤을 불러서 안젤로의 이야기를 읽어 주었다.

"너희가 넬슨에게 악당 역할을 시키는 것은, 대장이 독수리의 날개를 쏘아 맞추는 것과 같은 거란다."

"우리는 친절하게 넬슨에게 같이 놀게 해주겠다고 말했을 뿐이에요. 왜냐하면 우리 놀이에는 악당이 필요했거든요. 놀이를 시작한 건 우리였고요."

"알아, 그리고 너희는 그 놀이가 너희 것이라고 생각하고 있는 거지. 하지만 그건 그리 공정해 보이지 않구나. 셋 다 착한 사람 역할을 할 순 없는 거였니?"

벤은 참을성 있고 진지하게 대답했다.

"선생님, 저희가 하던 놀이에는 악당이 꼭 필요했어요."

그런데 나중에 그 아이들이 칼을 놀이에 끼워 주면서 착한 사람 역할을 맡기는 것을 보고 나는 화가 치밀었다.

"너희 어쩜 그럴 수가 있니? 그건 정말 넬슨에게 공평하지 못한 일이잖아."

칼은 나의 말에 혼란스러워했고 상처를 받았다. 그리고 나에게 인상을 썼다. 그 아이가 화를 내는 것은 당연한 일이었다. 아이들이 넬슨에게 상처를 준 것처럼, 나 역시 독단성으로 칼에게 상처를 주었던 것이다.

문제는 대장이 휘두르는 새총과 화살로부터 모두를 공평하게 보호할 만한 신빙성 있는 규칙이 없다는 점이다. 심지어 클라라도 누군가를 따돌릴 때가 있다. 점심 식사 후, 클라라와 리사가 신시아를 놀이에 끼워 주지 않았다. 따돌림을 당할 때의 기분을 뻔히 아는 클라라가 왜 이런 못된 행동에 동참하는 것일까?

내가 이 점을 지적하자 클라라는 시선을 떨구었다. 하지만 갑작스럽게 자신에게 찾아온 예상치 못한 행운을 포기할 생각은 없어 보였다. 클라라의 소원이 마침내 실현되었기 때문이다. 리사가 오늘 자신을 놀이 친구로 선택했다! 그러나 이것은 리사의 일시적인 변덕일 뿐이다. 다음에 리사가 또 자신과 놀지 않겠다고 하면 클라라는 더 심한 혼란과 고통을 느끼게 될 것이다.

"리사와 클라라가 생쥐 자매 놀이에 끼워 주지 않아요."

신시아가 항의하였다. 신시아에게는 옆집 친구 역할을 하라고 했는데, 물론 한 집에 사는 자매보다 못한 역할이었다.

근처의 모래놀이 탁자에서는 와카가 울고 있었다. 안젤로가 밀쳤는지 때렸는지 여하간 자신을 괴롭혔다며 주장했다. 안젤로도 지지 않고 소리 질렀다.

"와카가 일부러 제 길을 망쳐 놨단 말이에요! 얘네는 항상 저랑 같이 안 놀아 줘요!"

"하지만 와카를 봐, 안젤로. 네가 와카를 울렸잖니."

낮은 소리로 속삭였지만 내 목소리에는 화가 나 있음이 분명하게 드러났다.

"절대로 친구를 밀거나 때리지 마라. 선생님이 전에도 말했었지?"

나의 어조에는 망설임도, 타이르려는 의도도 없었다. 그러자 안젤로는 자신의 사물함으로 달려가 버렸다. 그제야 나는 불현듯 안젤로가 그동안 단 한 번도 친구들을 따돌린 적이 없다는 것을 떠올렸다.

집에 가기 전, 나는 공책을 한 장씩 넘기며 맨 위에 1학년이라고 적은 페이지를 찾았다. 아이들이 모두 그 페이지를 보고 싶어 했기 때문에 나는 공책을 들고 번호를 매겨 놓은 1학년 아이들의 의견을 읽어 주었다.

1. 어쩌면 규칙은 싸움을 일으킬 수도 있다.
2. 어쩌면 너무 많은 아이들이 놀이에 참여하고 싶어 할지도 모른다.
3. 어떤 아이들은 못되게 굴 수 있다.
4. 친구에게 악당 역할을 맡으라고 하는 것은 공정한 일일까?
5. 어떤 아이에게는 "같이 놀 수 없어"라고 말하고서, 다른 아이는 놀이에 끼워 주어도 괜찮을까?
6. 놀이를 제안한 사람이 같이 놀고 싶어 하는 아이에게 "넌 우리랑 같이 못 놀아"라고 말하면, 함께 놀이를 하고 있는 다른 아이는 더 이상 결정할 권리가 없는 것일까?
7. 여자아이들은 여자아이들끼리만 놀 수 있게 하고, 남자아이들은 남자아이들끼리만 놀 수 있게 해야 한다. 단, 서로의 놀이에 대하여 매우 궁금해할 때는 제외한다.

아이들은 놀랍다는 눈으로 공책 속 목록과 나를 쳐다보았다. '우리의' 주제에 높은 학년 선배들이 이와 같은 관심을 보여 주다니! 물론, 남자아이와 여자아이에 대한 부분을 제외한 나머지는 우리 역시 이미 토론한 내용이었다. 하지만 자신들이 나눈 대화의 주제가 다른 사람들에게 큰 관심을 받는다는 것, 그리고 그들의 생각이 이토록 친근하게 느껴질 수 있음을 깨닫게 된 것은 아이들에게 완전히 색다른 경험이었다.

나는 개인적 의견을 이야기하며 마무리했다.

"선생님이 가장 관심 있게 본 부분은, 1학년 아이들도 대부분 이 계획이 제대로 실현되기는 힘들 거라고 생각하지만, 그 아이들 모두 자신이 유치원 시절에 겪었던 일들, 특히 나쁜 일들을 너무나 생생하게 기억한다는 점이었어."

"나쁜 일들이 뭔데요?"

리사가 물었다.

"다른 친구들이 함께 놀아 주지 않았던 기억."

까치는 애나벨라가 험난한 바윗길을 날쌔게 올라가는 것을 바라보았다. 그 모습은 마치 산양 같았다. 작은 꽃 사람들이 다시 모일 때쯤, 애나벨라도 근처에 앉아 가까이에서 그들을 살펴보았다. 그들이 입고 있는 옷과 모자, 신발은 모두 꽃잎으로 만든 것이었고, 그들의 피부는 사막의 모래와 같은 빛깔이었다.

애나벨라가 물었다.

"여러분은 오렌지색 선인장꽃 속에서 사나요? 그 꽃을 따려고 할 때 사람 목소리를 들은 것 같아요."

오렌지색 왕관을 쓴 여자가 흥분한 목소리로 대답했다.

"네, 그곳이 바로 우리가 사는 곳이에요. 나는 오렌질리나 여왕이에요. 그 괴물 같은 독수리가 내 아들, 오렌지꽃 왕자를 데려갔어요. 도대체 무슨 영문인지 모르겠네요. 이 차가운 계곡물을 마시러 종종 왔는데, 지금까지 한 번도 이렇게 위험한 일이 벌어진 적은 없었거든요."

여왕이 울음을 터뜨리자, 다른 사람들이 다가가 위로의 말을 건넸다. 그중 한 노인이 말했다.

"여왕님 잘못이 아니에요. 이 산은 항상 안전했어요. 우리가 절대 올라서는 안 될 곳은 저 무서운 일곱 번째 봉우리밖에 없었지요."

그러자 까치가 놀라서 물었다.

"일곱 번째요? 하지만 제가 이곳을 지나갈 때마다 세어 본 바로는 여섯 봉우리밖에 없었는데요."

"아, 일곱 번째 봉우리는 항상 구름과 안개로 덮여 있어서 잘 보이지 않죠. 하지만 우리는 그곳에 용들이 살고 있다는 것을 알고 있어요. 우리 할아버지와 할머니는 용들의 발자국을 본 적도 있고 불 같은 포효를 들은 적도 있다고 했어요."

그러고는 노인이 주저앉아 흐느끼기 시작했다.

"어쨌거나 이제 이곳에 오는 것도 그만두어야 할 것 같네요."

까치가 여왕에게 말했다.

"여왕 전하, 제 생각에 독수리가 아드님을 해치려고 한 건 아닌 것 같습니다. 독수리는 사람을 공격하지 않아요. 아마 환한 색깔의 꽃이 이리저리 움직이니까 신기했을 거예요. 아무튼 왕자님은 반드시 돌아오게 될 겁니다. 제가 약속드릴게요."

여왕이 눈물을 훔쳐 내고 까치를 바라보았다.

"그렇게 거대한 새와 싸울 거란 말인가요?"

까치가 고개를 흔들었다.

"싸우는 건 아니고요. 마녀인 제 친구에게 속임수가 힘보다 더 유용할 수 있다고 배웠어요."

작은 사람들이 고개를 끄덕였다. 그리고 자신을 오렌지리오 아저씨라고 소개한 남자가 말했다.

"우리는 속임수에 대해 아주 잘 알고 있어요. 우리처럼 작은 사람들에게는 속임수야말로 자신을 보호하는 가장 중요한 방어 수단이죠."

"아, 예를 들면 꽃잎을 닫아 버리는 거 말씀이지요? 그리고 꽃잎처럼 보이게 옷을 입는 것도요?"

애나벨라가 묻자 작은 아이 하나가 애나벨라 무릎 위에 올라가서 발끝으로 서며 속삭였다.

"그 밖에도 벌처럼 윙윙거리는 소리를 내기도 하죠. 알싸한 액체를 내뿜기도 하고, 가시를 숨기고 있다가 적이 가까이 다가오면 찌르기도 하고요. 그리고 또……."

애나벨라가 손뼉을 치며 말했다.

"그것 참 멋지구나! 그런데 누가 너희의 적이니?"

아이가 놀라며 물었다.

"우리의 적이 누군지 모른다고요? 우리의 달콤한 꿀을 훔쳐 가는 도마뱀들, 그리고 우리를 꽃처럼 따 가려고 하는 큰 사람들이죠."

애나벨라의 얼굴이 붉어졌다.

"어머나! 나도 너희가 꽃인 줄 알고 꺾으려 했었는데. 하지만 앞으로는 절대 너희의 적이 되지 않을 거야. 약속할게!"

그때, 모든 사람이 고개를 돌려 그들 위쪽의 바위 위에서 앞뒤로 왔다 갔다 날아다니는 까치를 바라보았다. 까치가 사람들을 향해 외쳤다.

"좋은 계획이 떠올랐어요! 하지만 유감스럽게도 저를 도와줄 사람이 두 명 필요하네요."

그 말을 듣자마자 애나벨라가 소리쳤다.

"내가 갈게! 좀 쉬었더니 기운이 넘치네. 아주 빨리 올라갈 수 있을 거야!"

오렌지리오 아저씨도 펄쩍 뛰어올라 바위 끝으로 달려갔다.

"나도 가겠네. 나는 이 바위들의 위치와 모양을 잘 알고 있지. 어느 바위가 위험한지 애나벨라에게 알려 줄 수 있을 거야."

까치가 꼬리 깃털을 흔들며 말했다.

"제 생각엔 아저씨도 애나벨라도 어둠 속에서 둥지까지 가려면 쉽진 않을 거예요. 하지만 제 계획은 반드시 어두울 때 실행해야 한답니다."

까치가 계속 초조하게 절벽 끝으로 날아왔다가 다시 독수리 둥지가 있는 쪽으로 날아가 둥지를 힐끔 곁눈질하고 돌아오길 반복했다.

어둠이 드리운 하늘에 저녁노을이 붉게 물들었고, 산봉우리들은 차츰차츰 어둠 속으로 사라지고 있었다. 까치가 애나벨라를 불렀다.

"애나벨라, 넌 이제 아빠가 계신 곳으로 돌아가는 게 좋겠어. 어두워지면 바위를 오를 수가 없을 거야."

♦ ♦ ♦

2학년 아이들은 나를 보자 읽던 책을 치우고 깔개 쪽으로 다가와 앉았다.

"선생님은 유치원에서 새로 정하려고 고민 중인 규칙에 대해 너희 의견을 들어 보려고 왔단다. 아이들끼리 놀 때 친구를 따돌리거나 놀이에서 제외시킬 수 없다는 규칙이야. 즉 아무도 '너랑 안 놀아'라고 말하지 않기로 정하는 거지."

더 이상의 설명이 필요 없었다. 아이들은 이미 그 문제에 대해 잘 알고 있었다.

"우리 언니가 나랑 안 놀겠다고 하면 저는 그냥 '그래!'라고 말하고 혼자 가서 놀아요. 혼자서 놀면 내가 원하는 대로 뭐든 할 수 있는걸요."

"우리 형이랑 비슷하네. 내가 같이 놀 수 있냐고 물어보면, 형은 항상 싫다고 하거든요. 엄마는 우리에게 싸우지 말고 알아서 해결하라고 말씀하시죠."

"그렇구나. 집에서는 그게 좋은 해결책일 수 있겠네. 하지만 학교에서 이런 일이 생기면 어떨까?"

"그냥 다른 친구랑 놀면 되죠……. 하지만 친구들이 전부 그 놀이를 하고 있다면 저는 그냥 혼자 다른 데로 갈 거예요."

그러자 옆에 있던 남자아이가 투덜거렸다.

"네가 그런다고? 얘는 그런 일이 있으면 선생님에게 달려가요."

"그게 잘못된 거니?" 하고 내가 물었다.

"그런 건 아니지만, 전 그저 얘가 혼자서 다른 곳으로 가진 않는다고 말씀드린 거예요."

"그럼 너라면 어떻게 하겠니? 누군가 너에게 같이 놀지 않겠다고 말한다면?"

"혼자서 놀지요. 엄마는 친구들이 못되게 굴면 저 혼자 놀라고 말씀하셨어요."

"만약에 아이들이 그런 방식으로 못되게 굴지 못하게 규칙을 만들면 어떨까? 네가 같이 놀고 싶어 할 때, 놀이를 하던 아이들이 항상 너를 끼워 주도록 하는 규칙이 있다면, 이 규칙은 공정한 걸까?"

몇몇 아이들이 손을 들고 말했다.

"네, 규칙은 공정한 것 같아요."

"그렇지만 싫어하는 아이랑 함께 놀아야 한다면 놀이를 망칠 수도 있어요."

어떤 여자아이가 기억을 떠올리며 말했다.

"1학년 때 한 남자애가 있었는데요. 그 애가 신문을 만들고 있기에 저도 같이 하고 싶다고 했더니 안 된다고 했어요. 그런데 다른 두 아이가 가서 같이 해도 되냐고 물어보니까 된다고 말하는 거예요. 그때 기분이 무척 나빴어요."

"너 혼자 나중에 할 수도 있었잖아!"

한 남자아이가 제안했지만, 그 말이 여자아이를 짜증 나게 했다.

"넌 항상 나에게 그렇게 말하지! 내가 어떻게 혼자서 신문을 만드니? 그때 나는 글씨를 잘 쓰지도 못했다고. 그리고 넌 어제도 너희 놀이 모임에 날 끼워 주지 않았잖아!"

"난 안 그랬어. 커티스가 그랬지."

그 아이가 키 큰 금발 소년을 가리키며 말했다.

"얘가 대장이었어요. 누가 놀이 모임에 들어올 수 있는지는 대장이 결정하는 거예요."

커티스가 어딘가 불편해 보였다.

"저는 대장이 되고 싶지 않았어요. 애들이 저보고 대장을 하라고 해서 한 거죠."

"우리가 커티스를 대장으로 임명했어요."

아까 그 남자아이가 설명하자 커티스가 덧붙였다.

"네, 왜냐하면 제가 놀이를 시작했거든요. 아이들은 제가 놀이를 만들 때까지 기다리죠. 그러면 저는 같이 놀고 싶어 하는 아이들 모두를 뽑거나, 아니면 누군가에게는 어쩔 수 없이 같이 놀 수 없다고 말해야 해요."

"꼭 대장이 있어야 하니?"

내가 묻자 한 여자아이가 대답했다.

"네, 있는 게 더 좋아요. 가끔은 저랑 제이미 둘이서 놀 때도 대장이 있어야겠다고 이야기해요. 만약에 어떤 아이가 같이 놀고 싶어 하는데 함께 놀던 다른 아이들이 걔를 싫어할 수도 있잖아요. 그때는 대장이 있어야 결정할 수 있거든요."

나는 아이들이 아무런 이의 제기 없이 대장을 받아들이는 것이 당황스러웠다. 유치원에서는 적어도 대장의 권위에 불만을 표시하거나 싸우기도 하는데 말이다.

"정확히 왜 대장이 필요한 건지 선생님한테 얘기해 줄 수 있겠니?"

"대장이 없으면 아마도 투표로 정할 수 있겠죠. 만약 그 아이가 모두가 좋아하는 아이라면 그냥 끼워 줄 수도 있고요."

한 남자아이가 대답했다. 이 대안에 대해 심사숙고하는 듯 보였다.

"그럼 모든 아이가 좋아하는 아이가 아니라면 투표하는 것과 대장이 결정하는 것 중에 어느 쪽이 그 아이에게 더 나은 기회를 주는 걸까?"

아이들은 모두 투표가 놀이에 참여하고 싶어 하는 아이에게 유리하고, 더 공정한 방식이라는 데에 동의했다. 하지만 대장이 있는 것이 훨씬 더 좋다고 했다.

내가 어리둥절한 표정을 짓자 여러 아이들이 손을 들었다. 그리고 한 여자아이가 전체 아이들의 의견을 대표하듯이 말했다.

"그런데 투표에는 나쁜 점이 있어요. 만약 투표 결과 끼워 주지 않는 쪽으로 결정되면 그 아이는 모든 아이가 자신을 좋아하지 않는다는 것을 알게 될 거예요. 하지만 대장이 결정을 하면, 그 아이는 단지 한 사람만 자기를 싫어한다고 생각할 테니 그게 기분이 덜 나쁘지 않을까요?"

기발한 생각이었다. 한 친구에게만 따돌림당하는 것이 더 친절한 일일 수 있다. 그렇다면 적어도 다른 아이들은 나를 좋아할지도 모른다고 생각할 수 있으니까.

"그러면 대장도 없고 투표도 없이 누구든 같이 놀고 싶어 하는 아이는 항상 같이 놀 수 있게 한다면 어떨까?"

한 남자아이가 동의했다.

"그게 더 공평하긴 하겠죠. 하지만 그렇게 하면 재미있게 놀기는 힘들 거예요. 그래도 뭐, 좋은 규칙인 것 같기는 해요."

"재미가 없어지더라도?"

대장이 있는 게 나은 이유를 합리적으로 설명했던 여자아이가 대답했다.

"그건 좋은 규칙이에요. 모든 아이를 더 착하게 만드니까요."

나는 깔개 주변에 앉아 있는 사랑스럽고 순진한 얼굴들을 쳐다보았다. 이 아이들은 착한 아이들이었고, 더 나아가 따돌림당하는 아이의 마음이 어떨지 이해하고 있었다. 나는 이 아이들에게 클라라가 강아지 인형이 없어서 다른 친구들이 같이 못 놀게 하자 자기 사물함에 들어가 울었다는 이야기를 들려주었다. 그러자 아이들은 몹시 흥분했다. 그중 한 남자아이가 외쳤다.

"그건 정말 공정하지 않아요! 그 아이들은 제 여동생이랑 남동생에게도 그런 적이 있는데, 저희 엄마는 그 아이들이 그렇게 하도록 놔두는 선생님에게 화를 내셨어요."

그때 한 여자아이가 다 알고 있다는 듯이 말했다.

"강아지는 그냥 핑계일걸요. 그 아이들은 그냥 클라라를 좋아하지 않는 거예요. '너랑 같이 안 놀아'는 '난 네가 좀 싫어'랑 비슷한 뜻인 거죠."

"그럼 유치원에 '너랑 안 놀아'라고 말하지 않게 하는 규칙이 있어야 하지 않을까?"

모든 아이가 내 의견에 동의했다.

"물론이죠. 안 그러면 그 어린아이들은 계속해서 울게 될 거예요. 제 동생처럼요."

"2학년쯤 되면 자기 스스로 감정을 조절할 줄 알게 되지만요."

한 남자아이가 자신의 의견을 말했다. 하지만 다른 아이는 그 말에 동의하지 못하는 것 같았다.

"그런데 만약 내가 가장 좋아하는 친구랑 놀고 있는데, 다른 여자애가 와서 그 친구랑 놀기 시작하고, 나에게는 같이 못 놀겠다고 말하면요?"

갑자기 아이들의 마음속에 친숙한 감정이 떠오르는 듯했다. 지금까지 아무 말도 않던 한 여자아이가 입을 열었다.

"제가 유치원 다닐 때 밀리라는 여자아이가 있었는데, 그 애는 저를 싫어했어요. 같이 놀자고 하면 맨날 안 된다고 말했어요."

그러고는 무슨 이유에서인지 그 여자아이의 얼굴이 붉어졌다. 그 모습을 보니 애나벨라 공주가 떠올랐다. 까치 이야기를 들려주면, 혹시 이 아이들은 애나벨라 공주를 더 심약한 인물로 받아들이지 않을까?

2학년 아이들은 아무래도 자신이 좀 더 강해지고, 나쁜 감정도 잘 다스릴 수 있어야 한다고 생각하는 것 같다. 그러나 이 아이들은 아직도 자신이 따돌림당했던 일을 생생하게 기억하고 있으며, 적어도 누군가를 따돌리게 될 때 가장 상처를 덜 주는 방법을 택하려고 고민하고 있다.

따돌림 자체가 문제라는 것은 생각하지 못하고 있지만.

"2학년 형과 언니들은 모든 아이가 같이 놀이에 참여할 수 있도록 하는 규칙이 꼭 있어야 한다고 생각한대."

나는 다음 날 우리 반 아이들에게 말했다.

"형과 누나들도 그런 규칙을 갖고 있어요?"

찰리가 물었다.

"아니. 사실 2학년 형과 누나들은 그 규칙이 잘 지켜지지 않을 거라고 생각하더구나. 대신 같이 놀고 싶어 하는 아이들을 끼워 줄지 말지를 결정할 대장이 있는 것이 더 낫다고 했어."

리사마저 이 소리에 놀라워했다.

"대장이 있는 게 좋다고요?"

"응. 누가 놀이에 참여할지를 한 사람이 결정하는 것이 더 편하다고 생각한대. 그럼 대장이 같이 못 논다고 말하더라도 거부당한 아이는 대장은 자기를 싫어하지만 적어도 모든 아이가 자기를 싫어하는 것은 아니라고 생각할 거라는 거지."

아이들은 미심쩍은 듯이 보였다. 이 아이들도 자기 스스로 대장이라고 한다든지 다른 아이들에게 대장으로 뽑히는 것에 대해서는 받아들이고 있었다. 하지만 시간이 지나면, 대장이 너무 으스대고 제멋대로 굴지 않을까 하는 두려움에 어느 정도의 거부감을 보였다.

"그렇지만 2학년 아이들도 너희가 대장을 정하는 것은 좋지 않을 거라고 했어. 그리고 2학년 형 중에 한 명은, 유치원에 다니는 자기 여동생에게 누구든 같이 놀지 않겠다고 말하면 무척 화가 날 거라고 말했어. 또 어떤 언니는 유치원 다닐 때 한 친구가 자기랑 놀지 않겠다고 계속 말해서 정말 슬펐대."

그러자 와카가 찰리를 보며 "그럼 우리 2학년이 될 때까지는 대장 같은 거 정하지 말자"라고 이야기했지만 찰리는 대답하지 않았다.

애나벨라는 더 이상 우기지 않았다. 애나벨라는 모험을 즐기는 아이였지만 또한 분별 있는 아이이기도 했다. 애나벨라가 절벽을 내려가면서 말했다.

"까치야, 만약 내가 베아트릭스처럼 작은 나방으로 변신할 수만 있다면 얼마나 좋을까. 그럼 너랑 같이 독수리 둥지로 날아갈 수 있을 텐데."

그러자 까치가 기뻐하며 활짝 웃었다.

"애나벨라! 바로 그거야! 덕분에 좋은 방법이 생각났어. 나방처럼 작은 사람들이 여기 있잖아. 오렌지리오 아저씨가 내 등에 올라타고 독수리 둥지로 같이 날아가는 거야. 그리고 내가 독수리에게 속임수를 쓰는 동안 숨어 있는 거지."

"어떤 속임수?"

애나벨라가 물었지만 까치는 이미 공중으로 날아간 뒤였다.

"설명할 시간이 없어. 애나벨라, 드디어 나의 특별한 능력을 시험해 볼 때가 왔다고 아빠에게 전해 드리렴."

까치가 재빠르게 작은 꽃 사람들에게 날아가서 오렌지리오 아저씨를 불러냈다. 그러자 오렌지리오 아저씨는 모든 사람이 놀라서 쳐다보는 가운데 까치 등에 훌쩍 올라탔고, 둘은 금세 하늘로 날아올라 시아에서 사라져 버렸다.

달이 구름 뒤에 숨자 곧 산 전체가 어둠에 잠겼다. 갑자기 독수리의 날카로운 울음소리가 고요함을 깨고 울려 퍼졌다.

"끼익! 끼익! 끽끽끽끽끽! 끼익! 끼익! 끽끽끽끽끽!"

그런데 매번 그 울음소리는 다른 곳에서 들려왔다. 독수리가 사방에서 날아오고 있는 것 같았다.

"끼익! 끼익! 끽끽끽끽끽!"

잠시 후 날개를 펄럭이며 까치가 절벽 위로 돌아왔다. 까치는 날개를 벌려서 오렌지리오 아저씨와 오렌지꽃 왕자가 내려올 수 있게 하였다. 그러고는 왕자에게 다정하게 말을 건넸다.

"귀여운 왕자야, 눈을 떠보렴. 이제 무서워할 필요가 없단다."

오렌질리나 여왕은 아들을 껴안고 입을 맞추었다. 눈물과 웃음이 동시에 터져 나왔다.

"굉장한 모험이었어요!"

오렌지꽃 왕자는 엄마 품에서 뛰어나와 까치 주변을 깡충깡충 뛰어다녔다. 그리고 다른 사람들의 손을 잡아 이끌며 즐겁게 춤을 추었다.

여왕도 기쁨을 감출 수 없었지만 독수리가 들을까 봐 모두를 조용히 시킨 후 까치에게 물었다.

"도대체 어떻게 왕자를 되찾아 왔나요, 까치님?"

까치가 흥분하여 몸을 떨었다.

"우리 까치들이 가진 재주 중 하나는 다른 새의 울음을 흉내 내는 거예요. 우리는 거의 모든 새의 울음을 흉내 낼 수 있죠. 독수리가 제 울음 소리를 듣고는 다른 독수리가 자기 영역을 침범한 줄 알고 싸우러 나왔어요. 독수리는 화가 나서 소리가 나는 방향으로 마구 날아다녔지만, 아마 많이 혼란스러웠을 거예요. 제가 계속 위아래, 왼쪽, 오른쪽으로 이리저리 위치를 옮겨 가며 소리를 냈거든요."

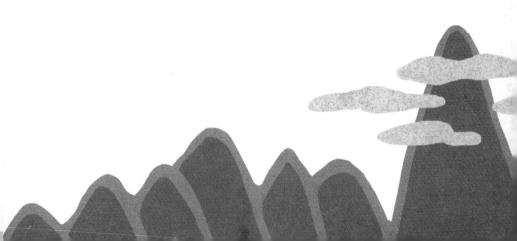

그때 오렌지리오 아저씨가 자랑스럽게 말했다.

"그동안 저는 제 임무를 완성했죠. 독수리 둥지로 들어가 왕자님을 데리고 나와서 까치가 돌아올 때까지 노란색 꽃 안에 숨어 있었답니다. 솔직히 말하면 그땐 정말 무서웠어요."

까치의 눈이 반짝 빛났다.

"계획이 완벽하게 성공했어요! 저와 아저씨의 재주가 찰떡궁합을 이룬 거죠."

"나의 재주? 그게 뭐지?"

오렌지리오 아저씨가 의아해하며 물었다.

"바로 아주 작다는 것이죠! 아저씨를 등에 싣고 다니는 동안 저는 조금도 무게를 느낄 수가 없었어요. 아마 여러분 모두가 한꺼번에 제 능에 올라타도 저는 단숨에 산 아래까지 여러분을 태워 드릴 수 있을 거예요. 애나벨라의 아버지가 여러분이 집으로 돌아가기 전에 만나고 싶어 한답니다. 아, 잠깐. 우리 좀 조용히 할까요? 어둠 속의 화난 독수리를 불러내지 않으려면요."

모두 고개를 들어 독수리 둥지 쪽을 바라보았다. 독수리의 울음소리가 여전히 불안하게 들려왔다.

"끼익! 끼익! 끽끽끽끽끽!"

3학년 아이들은 재빨리 핵심을 알아냈다.

"셜리는 항상 따돌림당해요!"

누군가가 외쳤고, 내가 무슨 일이 일어났는지 미처 알아차리기도 전에, 온 반이 술렁거리며 내 바로 왼쪽에 앉아 있는 뚱뚱한 빨간 머리 소녀가 매일 겪는 아픔에 대해 한마디씩 자세한 설명을 보태기 시작했다.

"셜리가 체육관에 들어오면, 여자아이들은 '야, 온다! 그 애가 와' 하고 소리 지르며 한데 몰려 담요 속으로 숨어 버려요."

"어떨 땐 나무 뒤에 숨어 있다가 셜리가 지나가면 '넌 너무 뚱뚱해서 여기로 들어올 수도 없을걸!' 하고 막 놀려요."

"걔들은 셜리 이름 갖고도 놀려요."

"아무도 셜리랑 점심을 먹고 싶어 하지 않아요."

나는 아이들에게 그만하라고 신호를 보냈다.

"셜리야, 미안해. 속상하지?"

셜리가 반 친구들을 훑어보았다. 그러고는 차분하게 대답했다.

"아니요, 전 애들이 그런 말을 해줘서 좋아요. 아이들이 정말 저를 따돌리거든요. 컴퓨터 시간에는 아무도 저랑 짝을 하려고 하지 않아요. 줄넘기할 때도 마찬가지고요."

그때 한 여자아이가 끼어들어 말했다.

"그런데 어느 날 셜리가 아주 긴 줄넘기 줄을 가져온 적이 있었어요.

그래서 우리 모두 같이 놀고 싶어서 서 있었거든요. 그때 셜리가 어떤 애들한테는 같이 못 논다고 했어요."

"나는 기다려야 한다고 말했을 뿐이야! 사람이 너무 많았단 말이야!"

셜리가 소리쳤다.

"셜리만 그런 건 아니에요. 걔들은 저랑도 안 놀아 줘요!"

한 흑인 소년이 말했다. 피부는 좀 더 검은빛이었지만 그 아이를 보니 왠지 안젤로가 떠올랐다.

"저랑 셜리요! 아이들은 저희를 맨날 따돌려요."

"존은 대장처럼 너무 제멋대로 굴고 자주 싸움을 일으키거든요!"

"너희가 나랑만 안 놀려고 하니까 그렇지!"

이 토론은 유치원에서 그랬던 것처럼 아주 개인적인 양상을 띠기 시작했다. 셜리와 존을 따돌리는 문제에 대한 격한 감정은 공공연하게 드러났다. 4, 5학년이 되면 아이들은 대체로 직접적인 대립은 피하려고 한다. "아이들은 이러이러하다"라거나 "여자애들은 저러저러하다"라는 식으로 에둘러 말하는 경향이 있다. 한 4학년 아이는 "아이들이 저학년 때보다 더 못돼진 것 같아요"라며 희생자의 이름을 하나도 거명하지 않고도 실상을 말해 주었다.

가장 심한 공격성을 드러낸 3학년 아이들이 조금 진정이 된 후, 나는 아이들과 일상적 따돌림이라는 주제의 다양한 측면에 대해 토론해 보았다. 한 여자아이가 말을 꺼냈다.

"어느 날, 남자아이들이 야구를 하고 있기에 같이 해도 되느냐고 물어봤거든요. 그랬더니 그 아이들이 야구 글러브가 있느냐고 물어보더라고요. 없다고 하니까, 그러면 같이 놀 수 없다고 말했어요."

"그건 얘가 다칠까 봐 그런 거예요."

"글러브를 빌려 줄 수도 있었잖아."

"네가 들어오면 우린 편 인원수가 맞지 않잖아. 3대 3 경기였어."

내가 여자아이에게 물었다.

"양 팀이 같은 수가 되도록 네가 다른 한 명을 더 데려올 순 없었니?"

"다른 애들은 야구를 하고 싶어 하지 않았어요."

"우리한테 물어보지도 않았잖아" 하고 몇몇 여자아이들이 항의했다.

"사실은 너희한테 물어보기도 전에 남자애들이 나랑 같이 못 논다고 그랬는걸."

그러자 야구경기를 했던 아이들도 지지 않고 대꾸했다.

"우리는 그저 사람 수를 맞추기 위해 그랬던 것뿐이라고!"

그때 존이 투덜대며 끼어들었다.

"아니에요. 저 애들은 자기네가 싫어하는 애랑은 같이 놀기 싫은 거예요. 저 애들은 저도 놀이에 끼워 주지 않아요."

"쟤들은 여자애들도 끼워 주지 않아요. 제니만 빼고요."

우리는 모두 제니를 바라보았다. 제니는 손을 들고 말을 꺼내긴 했지만 야구에 대해서는 언급하지 않았다.

"1학년 때 어떤 아이가 사탕을 가지고 있었는데 저한테도 하나 나눠 주었어요. 그러자 홀리가 와서 자기도 하나만 달라고 했지만 그 아이는 안 된다고 했어요. 그래서 홀리가 아주 슬퍼했어요."

홀리가 놀라며 물었다.

"나? 내가 그랬다고? 아, 그렇네. 이제 생각난다. 그런 일이 있었지."

"네 이야기는 야구 사건이랑 비슷하네."

"네, 선생님. 그래서 이 이야기를 한 거예요. 여전히 아이들은 홀리에게 잘해 주지 않아요."

아이들이 따뜻한 눈빛으로 제니를 바라보며 말했다.

"제니는 홀리에게 잘해 줘요. 제니는 누구에게나 친절하거든요."

"그럼, 제니야. 너는 선생님의 계획이 성공할 거라고 생각하니? 다른 친구들이 자기를 얼마나 좋아할 것인지 걱정하지 않고 누구와든 같이 놀 수 있어야 한다는 규칙 말이야."

제니가 천천히 대답했다.

"아마도요. 아이들끼리 서로 더 잘 알게 되면 가능할 것 같아요."

제니의 대답에 존이 기뻐하며 말했다.

"우리가 좀 더 사이좋게 잘 지내면 성공할 것 같아요."

존의 말은 진심이 어려 있고 아주 간절하여, 모두가 조용해졌다. 그다음에 셜리가 덧붙였다.

"우리가 서로에게 자기 자신을 잘 알려 준다면 가능할 것 같아요. 그러니까 제 말은, 우리가 서로에 대해 미리 잘 알 수 있다면요."

그때 한 여자아이가 말했다.

"그 규칙은 효과가 없을 것 같아요. 만약 아이들이 싫어하는 아이가 있으면 놀이에 끼워 주지 않을 거예요. 그런데 그 규칙이 있다면, 따돌림당한 아이가 선생님한테 이를 테고 선생님은 그 애를 끼워 주라고 말씀하시겠죠. 그렇게 되면 아이들이 그 애한테 더 못되게 굴 거예요."

나는 앞으로도 이러한 논리를 종종 듣게 될 것이다. 특히 4, 5학년 아이들을 만날 때 많이 듣게 되지 않을까? 공정함과 친절함을 강요하는 것이 오히려 역효과를 낳는 것 같다. 도대체 왜 그럴까? 나는 궁금했다. 폭력을 금지하는 규칙을 정한다고 해서 폭력이 더 늘어나는 일은 없지 않은가. 아이들도 스스로 그 규칙을 준수한다. 인기 있는 아이들이라고 해서 약한 아이들을 때리고 다니지는 못한다.

또 다른 아이가 의견을 이야기했다.

"맞아요. 그 규칙은 성공할 수도 있고, 성공하지 못할 수도 있어요."

그 아이는 잠시 말을 찾기 위해 머뭇거리다가 단숨에 자신의 생각을 표현했다.

"저도 그렇지만, 어떤 사람들은 뭔가를 자기 것으로 만들고 싶어 해요. 넌 여기에 올 수 없어, 넌 저기에 갈 수 없어, 거긴 내 구역이야 같은 식으로요. 어떤 아이가 자기가 대장이라고 말하면, 다른 아이들은 거기에 동의하고 따르죠. 저까지도요. 이런 일들을 막을 수만 있다면, 선생님의 계획이 성공할 수도 있어요."

그때 한 소녀가 이의를 제기했다.

"만약 다른 아이가 제 놀이에 끼어드는 게 싫으면 어떡해요? 우리도 누군가를 싫어할 수 있잖아요. 아니면 그냥 둘이서만 놀고 싶을 수도 있고요. 그런데 다른 아이들이 끼어들면 친절하게 대할 수 없을 것 같아요."

"선생님의 규칙은 아주 공정해요" 하고 한 소년이 말을 꺼냈는데, 아마도 내 기분을 좋게 해주고 싶었던 모양이다. "하지만 다른 사람들과 잘 어울리지 못하는 아이도 있어요. 그런 아이들은 자기 친구들하고만 놀고 싶어 해요. 대부분의 아이에게 친구는 가장 중요한 문제예요."

나는 셜리를 돌아보았다.

"선생님은 이제 가야겠구나. 떠나기 전에 마지막으로 셜리의 의견을 듣고 싶은데 들려주겠니?"

셜리가 나에게 미소 지었고, 나는 그 아이의 웃는 얼굴이 얼마나 예쁜지 새삼 느꼈다.

"그 규칙은 잘 실행될 수도 있고 그렇지 않을 수도 있을 거예요. 어떤 아이들은 규칙 따윈 신경 쓰지 않고 '난 그냥 내 친구랑만 놀 거야'라고 할 테니까요."

그런 다음 셜리는 자기 반 선생님을 잠시 바라보았다.

"그렇지만 어쩌면 그 규칙은 성공할지도 몰라요. 사람들은 가끔씩 아주 착해지기도 하니까요. 그럴 때는 상대방에게 아주 잘해 주죠. 저한테도요."

　　오렌지꽃 왕자는 마루스카를 손에서 놓을 수가 없었다. 다른 사람들이 차를 마시면서 모험에 대해 거듭 이야기하는 동안 왕자는 줄곧 마루스카를 쓰다듬기도 하고 그 위에 올라타기도 하면서 놀았다.

　　"애나벨라, 우리랑 같이 집에 가면 안 될까? 마루스카도 데리고 말야."

　　"미안해, 오렌지꽃 왕자야. 너도 알겠지만, 우리는 새 집으로 이사를 가는 길이거든. 배를 놓치면 안 돼."

　　어린 왕자는 이 말을 듣자, 동굴 바닥에 주저앉아 울기 시작했다.

　　"안 돼! 가지 마! 가지 마!"

　　계속 소리 지르며 떼를 썼다. 오렌질리나 여왕은 무슨 말을 해도 왕자가 울음을 그치지 않자 매우 당황했다.

　　그때 까치가 고개를 숙여 부드럽게 속삭였다.

"내가 재미있는 이야기를 하나 해줄까요? 울음을 그치면 이야기해 줄게요."

울다 지친 왕자가 고개를 끄덕이며 눈물을 닦았다. 까치는 자장가를 부르는 듯한 목소리로 이야기를 들려주기 시작했다.

옛날에 용감하고 강한 작은 소년이 있었어요. 뿔이 세 개나 달려 있는 도마뱀이 집에 쳐들어왔을 때 소년이 뾰족한 가시로 찔러 도마뱀이 도망친 일도 있었지요. 무서운 용이 소년의 얼굴에 불을 뿜었을 때도 소년은 용을 향해 따끔거리는 액체를 뿌렸고, 그러자 용이 울면서 멈추라고 빌었어요.

어느 날 그 소년은 거대한 독수리가 작은 아기 까치를 엄마 까치에게서 나꿔채서 높은 절벽 꼭대기에 있는 자기 둥지로 데려가는 모습을 보았어요.

"내가 저 괴물 같은 독수리를 혼내 줄게요!"

소년이 말했어요. 그러고는 달님이 구름 뒤에 숨기를 기다렸다가 산양보다 더 빠르게 독수리 둥지로 올라갔어요. 그런 다음 아주 큰 소리로 으르렁거리며 무시무시한 소리를 냈지요. 그러자 독수리가 깜짝 놀라서 도망치듯 멀리 날아갔어요. 소년은 아기 까치에게 다가가 속삭였어요.

"작은 까치야, 내가 너를 구했어. 걱정 말고 이제 얼른 엄마 품으로 돌아가자."

그리하여 아기 까치도 무사히 엄마 품으로 돌아가고 소년도 자신의 엄마에게 돌아가게 되었죠. 집에 돌아오자 엄마는 소년에게 따뜻한 꿀차를 만들어 주셨답니다.

오렌지꽃 왕자는 웃으면서 가냘픈 팔로 까치를 안아 주었다. 그러고 나서 엄마의 손을 잡았다. 여왕은 다른 사람들에게 자신을 따르라는 몸짓을 한 뒤, 왕관이 떨어질 정도로 고개 숙여 인사했다.

"도와주셔서 감사합니다. 우리는 이제 떠나야 해요. 이 동굴 바로 옆 덤불 아래에 마차를 숨겨 놓았답니다."

까치는 오렌지꽃 사람들이 떠나가는 것을 보며 아쉬워했다. 그리고 "독수리가 다시는 여러분을 괴롭히지 않을 거예요"라고 말하며 뚱뚱한 두꺼비가 끄는 작은 마차 주변을 맴돌았다. 애나벨라와 카림 왕자는 마차가 길모퉁이를 돌아갈 때까지 손을 흔들며 작별인사를 했다. 배웅을 하고 동굴로 돌아온 그들은 매우 피곤해서 바로 깊은 잠에 빠져들었다.

다음 날, 이야기 나누기 시간에 나는 아이들에게 3학년 아이들과 토론한 내용을 들려주었다.

"3학년 언니, 형들은 자기 반 친구 중에 슬퍼하는 두 명의 친구에 대해 얘기해 주었어. 한 명은 남자아이, 또 한 명은 여자아이였어."

"그 언니랑 오빠가 왜 슬픈데요?"

클라라가 물었다.

"왜냐하면 아무도 그 아이들과 같이 놀고 싶어 하지 않거든. 다른 친구들이 그 오빠를 야구놀이에 끼워 주지 않는대. 그 언니는 컴퓨터 시간에 아무도 짝을 해주지 않고 점심도 혼자서 먹는다고 하고."

안젤로는 왜 그런지 알고 있었다.

"다른 형과 누나들이 그 두 사람을 싫어해서 그러는 거죠?"

아이들은 나를 바라보면서 더 자세한 설명을 기다렸다.

"선생님이 볼 때 다른 언니와 형들은 모두 그 외로운 친구들에게 좀더 친절하게 대해 주지 못해서 후회하는 것 같았어. 그래서 그렇게 많은 이야기를 한 거겠지. 어쨌든 그 두 아이는 완전히 기죽지는 않았어. 남자아이는 '우리가 좀 더 사이좋게 잘 지내면 선생님의 계획은 성공할 수 있을 거예요'라고 말했고 여자아이는 '사람들은 가끔씩 아주 착해지기도 해요. 저한테도요'라고 말했단다."

"선생님의 계획이 뭔데요?"

제니퍼가 물었다.

나는 〈'너랑 안 놀아'라고 말하지 않기〉 규칙에 대해 다시 한 번 상기시켰다.

"그 규칙은 아직 우리의 계획이라고는 할 수 없어. 아니, 계획이기는 한데 규칙은 아니야. 과연 그 규칙이 잘 실행될지에 대해 함께 이야기를 나누고, 의견을 모으고, 생각해 볼 거야. 그동안의 습관을 바꾸는 계획을 시작하기 전에는 이런 단계를 거치는 것이 좋을 것 같구나."

이렇게 말하는 동안에도 나는 이것이 계획대로 추진해 나가고 규칙을 선언하지 못하는 나의 무능력과 소심함에 대한 합리화라는 것을 깨달았다. 나는 아직도 이 규칙이 공정한지 염려하는 것일까? 그보다는 이 계획이 실패할 것을 더욱 두려워하고 있다는 게 맞을 것이다. 이 새로운 규칙의 선언식에 아이들을 모두 초청했는데 정작 아무도 나타나지 않으면 어떡하나 걱정이었던 것이다.

초등학교 아이들과의 토론 후 나는 더욱 신중해졌다. "규칙 자체는 공정하지만 제대로 실행될 것 같지 않네요"라는 말을 대체 얼마나 더 들어야 할까? 언제나 우정이 우선이고, 공정함은 그보다 덜 중요한 걸까?

하지만 한편으로는 각 반의 아이들을 만날 때마다 한 줄기 희망의 빛을 보았다. 윌슨 선생님의 뒷마당 같은 곳, 새로 온 아이에게 언제나 "우리랑 같이 놀래?" 하고 먼저 손을 내미는 그런 장소를 아이들 스스로 만들 수 있을 거라는 꿈에 대한 작은 가능성을 보았던 것이다.

"윌슨 선생님, 우리 교실을 선생님네 뒷마당처럼 만들 수 있을까요?"

내가 물었다.

"그럴 수도 있겠지만, 솔직히 확신이 들진 않아요. 집에서라면 자유롭게 왔다 갔다 할 수 있지만 학교에서는 온종일 꼼짝없이 반 친구들과 함께 지내야 하잖아요."

"그렇다면 더더욱 이 규칙이 필요할 것 같아요. 누구도 마음대로 집에 갈 수 없고, 개인 사물함에 온종일 숨어 있을 수도 없으니까요. 아이들은 모두 다른 아이의 친절에 의지할 수밖에 없어요. 이 규칙을 다음 주쯤 다른 아이들과의 토론을 마친 후에 시행합시다. 내일은 4학년 아이들과, 월요일에는 5학년 아이들과 만나 토론하기로 했거든요."

와카가 내 옷을 당기며 말했다.

"선생님, 전 쟤네를 쫓아가지 않았어요."

그러자 벤이 불평을 터뜨렸다.

"아니에요. 쟤가 계속 우리를 따라다녀요."

"와카는 그저 너희랑 놀고 싶을 뿐이야."

"저랑 찰리는 폭격기 놀이를 하고 있었어요. 두 대가 한 조가 되는 거예요."

나는 약간의 장난기를 발휘했다.

"부르르릉! 자, 여기 폭격기가 또 한 대 나타났다. 용감무쌍한 지원 폭격기 와카! 물론 너희처럼 좋은 편이야."

아이들은 나를 보고 웃음을 터뜨렸다. 내가 그렇게 좋은 분위기를 만들자, 아이들도 저항할 수 없었다.

"귀여운 왕자야, 눈을 떠보렴. 이제 무서워할 필요가 없단다" 하
고 까치가 말했다.

다음 날 이른 아침, 애나벨라는 아빠를 도와 다시 짐을 꾸렸다. 그리고 세 명의 여행자는 가던 길을 재촉하였다. 그들이 여섯 번째 산을 지날 무렵, 애나벨라는 아빠에게 숨겨진 일곱 번째 산에 대하여 말했다. 까치는 나무들 사이로 일곱 번째 산이 있다는 방향을 응시하였다.

"저 멀리 어슴푸레하게 뭔가 보이는 것 같기도 하네요. 정말 이상하죠? 저곳만 제외하고 모든 곳에 햇살이 밝게 비치고 있으니까요. 오렌지꽃 사람들은 그곳에 사라진 용들이 살고 있다고 믿더군요, 왕자님."

왕자는 고개를 돌려 그들 뒤의 검은 구름을 바라보았다.

"가능한 일이겠지. 우리가 저 산을 볼 수 없다면 저기 사는 생물들도 마찬가지로 바깥세상을 볼 수 없을 거야. 그런데 안타깝지만 더 살펴볼 시간은 없구나."

그들은 지평선 쪽으로 바다가 보이지 않는지 찾아보았다. 그런데 바다가 나타나기도 전에 배의 기적 소리가 들렸다.

"저기 배가 오고 있어!"

왕자가 소리친 후 까치에게 부탁했다.

"까치야, 먼저 날아가서 선장에게 조금만 기다려 달라고 말해 주겠니? 시간 맞춰 배가 들어오다니 정말 다행이구나."

마차가 해안가에 도착했을 때, 배는 막 판자로 된 다리를 내리고 있었다. 한 선원이 왕자의 말을 배 위로 올려 마차를 넣어 두는 칸으로 데려갔고, 애나벨라와 왕자는 다른 승객들이 있는 쪽으로 걸어갔다. 선장이 그들을 맞이했다. 그런데 그는 당혹스럽고 화난 것처럼 보였다. 그것을 보고 왕자가 물었다.

"무슨 문제라도 생겼습니까? 우리를 바다 건너로 데려다 줄 수 있으시죠?"

"물론입니다."

선장이 우물우물 말했다. 그는 선원들에게 배를 묶었던 밧줄을 풀고 출발하라고 명령을 내렸다.

"그것이 제 일이니까요. 하지만 도둑을 찾는 일은 분명 제 소관이 아니라고요!"

애나벨라가 막 출항을 시작한 배의 이곳저곳을 둘러보았다. 갑판 위의 사람들은 다들 평범해 보였다.

"도둑이요? 도둑이 무엇을 훔쳤나요?"

"약간의 치즈와 빵, 고기 통조림 몇 통뿐이지만, 그래도 난 도저히 용서가 안 되는구나!"

선장이 발로 땅을 내려쳤다.

"우리 배의 식량은 그리 넉넉하지 않습니다. 만약 이 배에 한 사람이라도 몰래 타고 있다면 곤란합니다. 빨리 나와서 자수하기 바랍니다. 어쩌면 밀항자의 소행일지도 모르죠."

선장은 의심쩍다는 눈빛으로 승객들을 바라보았고, 애나벨라가 아빠에게 속삭였다.

"선장님 기분이 별로 좋지 않은 것 같아요. 그렇죠? 그런데 까치는 어디 갔어요?"

"알렉산드라와 알렉산드라의 부모님에게 우리가 오고 있다는 것을 알리려고 먼저 갔어. 까치 말로는 왕과 왕비가 우리가 머무를 곳을 마련해 주실 거라고 하더구나. 아마 까치가 말하던 짚으로 만든 그 오두막일 거야."

애나벨라는 이 말을 듣자 마음이 들떠서 노래를 흥얼거렸다. 언젠가 엄마가 가르쳐 주신 오래된 바다에 관한 노래였다.

"네 명의 선원이 파도가 높이 출렁이는 바다로 항해를 나갔다네. 저 멀리, 저 멀리!"

그러자 선장은 곧 애나벨라에게 조용히 하라고 손짓을 보냈다.

"제발, 꼬마 아가씨! 조용히 하거라. 지금은 노래를 들을 기분이 아니란다. 도둑이 침입해서 꼭 찾아야 한다고! 여러분 모두 제자리에 가만히

앉아 조용히 하십시오. 선원들이 곧 수색을 시작할 것입니다. 제발 조용
히 해주세요!"

　마지막 경고는 애나벨라를 향한 것이었다.

4학년 여자아이들은 따돌림이 주로 여자아이들 사이의 문제라고 확신했다. "남자애들은 자기네들끼리 훨씬 쉽게 받아들이는 편이에요" 하고 한 여자아이가 말했다.

"여자애들끼리는 확실히 더 못되게 굴어요. '너랑 안 놀아'라는 말도 여자애들이 더 많이 해요."

그러자 여자아이들 상당수가 낄낄거리기도 하고 고개를 끄덕이기도 하면서 공감을 표시했다. 처음에는 이 아이들이 나를 놀리는 게 아닌가 의심했다. 그러나 곧 아이들이 진지하다는 것을 알게 되었다.

한 남자아이가 격렬하게 반대 의사를 밝혔다. 지금까지 이 주제로 토론하는 동안 아이들은 무엇 하나 무심히 넘어가는 법이 없었다.

"따돌림이 여자아이들 사이에서 더 심하다고는 생각하지 않아요. 예를 들어 남자아이들끼리 야구를 할 때 잘 못하는 아이가 있으면 끼워 주지 않거든요. 남자아이들 사이에선 자주 있는 일이에요."

그 아이는 자신이 그런 일을 당했다고는 말하지 않았다. 아마 이 아이가 3학년이었다면 자신이 당한 일이라고 했을 것이다.

그때 한 여자아이가 말을 꺼냈다.

"음, 저는 남자아이들이 노는 걸 자주 봤는데요, 가끔 정말 놀랄 때가 있어요. 우리끼리는 이야기한 적도 있는데요. 남자아이들은 아무하고나 쉽게 어울리는 것 같아요. 여자아이들은 그렇지 않거든요."

"그래? 넌 그게 더 좋은 거라고 생각하나 보구나."

"네, 선생님. 여자아이들은 가만 보면 누구한테도 방해받지 않고 자기 랑 친한 친구들하고만 놀고 싶어 하는 마음이 있거든요. 다 그런 건 아니 겠지만 어떤 아이들은 그렇게 느끼는 것 같아요. 아무하고나 놀고 싶어 하지 않죠. 그냥 몇 명의 친한 친구들하고만 노는 게 훨씬 더 즐겁다고 느껴요."

"친한 친구가 없는 아이들은 어쩌지? 선생님이 생각하는 규칙이 그 런 아이들에게 도움이 되지 않을까?" 하고 내가 묻자 한 남자아이가 대 답했다.

"선생님의 규칙은 좋은 규칙인 것 같아요. 공정하기도 하고요. 하지만 그 규칙은 놀이를 망칠 수도 있어요. 왜냐하면 놀이를 그만두는 아이가 생길 테니까요."

"분명히 좋고 공정한 규칙이긴 하지만 만약 놀이에 참여하는 인원이 이미 다 찼을 때는 어떻게 하죠?"

"아니면 공간이 부족하거나요."

"사람이 너무 많으면 놀이를 제대로 하기가 힘들어요. 모든 아이가 조금씩 문제를 일으키니까요. 그러다 보면 놀이를 시작한 아이가 그만 두고 가버릴지도 몰라요."

그러자 다른 아이들보다 먼저 말했던 여자아이가 쏘아붙였다.

"그게 뭐 어때서? 그 아이는 자기가 선택해서 나간 거잖아. 나도 그럴 때가 있어. 그렇지만 처음부터 놀이에 참여할 수 없는 아이는 그만두고 말고 선택할 기회조차 없는 거잖아."

"맞아, 루시" 하고 다른 여자아이가 말했다. "하지만 먼저 놀던 아이들이 정말 좋은 시간을 보내고 있었는데 그 아이 때문에 그게 다 엉망이 되었다고 생각해 봐."

"그럴 수도 있겠구나."

나는 그 아이의 말에 수긍하며 다른 문제를 제기했다.

"하지만 어떤 쪽이 더 중요할까? 같이 놀던 아이가 떠나는 것? 아니면 누군가는 아예 놀이에 참여할 수도 없는 것?"

"잠깐만요 선생님, 저도 그 규칙을 따르는 것이 좋다고 생각해요. 그런데요……."

그 아이는 자신의 의견을 표현할 말을 찾는 데 어려움을 느끼는 것 같았다.

"그런데 아이들 중에서는…… 어떤 애들은요, 말씀드리기 곤란하지만…… 누군가를 욕하거나 화나게 하고 싶지는 않지만요. 어떤 애들은 말이나 행동이 좀…… 놀이를 망치는 말이나 행동을 하는 아이들이 있거든요."

"그러니까 네 말은, 규칙은 옳다고 생각하지만 한편으로는 다른 아이들이 싫어할 만한 성격을 가지고 있는 아이들이 있어서 그런 아이들과는 함께 놀고 싶지 않다는 거지?"

그 말에 한 여자아이가 반박했다.

"하지만 모두 가끔씩은 다른 아이들이 싫어하는 일을 할 수가 있어요. 친구 사이에서도 그런 일은 일어나는걸요. 다른 사람들이 자기를 좋아하는지 아닌지 어떻게 알아요?"

남자아이들이 말을 멈추었다. 여자아이들의 토론을 의미심장하게 들으며 발표하는 아이를 따라 눈을 이리저리 움직였다. 나는 한 남자아이를 가리키면서 "너도 따돌림이 여자아이들 사이에서 더 심각한 문제라고 생각하니?"라고 물었다.

"아니요, 그렇게 생각하지 않아요. 제가 해리랑 탑을 만들고 있다고 쳐요. 그런데 어떤 애가 와서 자기도 거들겠다고 하면 우리는 별로 기분이 좋지 않을 것 같아요. 그냥 우리끼리 노는 게 더 좋거든요. 하지만 만약 정말 착한 아이라면……."

"누가 착하다는 이야기지?" 하고 내가 물었다.

"해리랑 저요. 만일 우리가 착하다면, 그 애에게 함께 놀아도 좋다고할 것 같아요. 그런데 그 애가 만약 못되게 굴면요? 왜 그 애를 보호해 줘야 하지요? 친구가 없다 하더라도 그 애는 착하게 행동해야 하는 거아닌가요?"

루시가 그 아이의 질문에 대답했다.

"네 말이 맞아. 하지만 친구가 없다면 착하게 행동할 수 없지 않을까? 가장 친한 친구가 새 친구가 생겨서 나를 따돌리면 나는 아마 기분이 나빠질 거야. 그럴 때 엄마나 아빠에게 말씀드리면 기분이 좀 풀어지겠지. 하지만 엄마, 아빠에게도 말씀드릴 수 없다면 어떨까?"

"그러고 보니 생각나는 게 있어요."

루시 옆에 있는 여자아이가 말했다.

"우리가 전에 '못된 자매' 놀이를 하다가, 큰언니를 방에 가두고 열쇠를 숨기는 척했거든요. 그때 네 명이서 놀고 있었는데 다른 아이가 와서 같이 놀자고 하는 거예요. 우리는 별 이유도 없이 안 된다고 했어요. 너무 늦어서 같이 놀 수 없다고 얘기했지만 사실은 그 아이를 끼워 주어도 상관없었죠."

"너희는 그냥 친한 친구들끼리만 놀고 싶었던 거니? 아니면 일단 놀이를 시작하면 누군가 다른 아이가 같이 놀자고 할 때 안 된다고 하는 게 습관이 된 건지도 모르겠구나" 하고 내가 말했다.

"어쨌든 너희는 유치원에서 하던 역할놀이를 아직도 하면서 노는구나. 너희가 한 못된 자매 놀이는 신데렐라에 나오는 주세랑 비슷한 거 아니니? 우리 유치원에서도 여자아이들이 신데렐라 역할놀이를 하는데 문제는 모두 신데렐라 역할만 하고 싶어 한다는 거야. 아무도 못된 언니들 역할은 하지 않으려고 해."

아이들은 웃었고 루시가 이렇게 말했다.

"나이가 들수록 못된 것에 익숙해지거든요."

"농담이 아닌 것 같은데?"

"네, 진짜예요. 우리는 유치원 때보다 더 못돼졌어요."

나는 잠시 동안 루시의 말에 대해 생각했다.

"그럼 왜 나는 우리에게 규칙이 필요하다고 그렇게 확신하는 걸까?"

"유치원 아이들이 서로에게 착하게 군다는 뜻은 아니에요. 하지만 유치원 아이들은 새로운 규칙을 따를 만큼은 착한 것 같아요. 아이들은 선생님을 믿어요. 그래서 선생님 말씀은 뭐든 따를 거예요. 하지만 우리 학년 아이들에게 새로운 규칙을 지키라고 하는 건 너무 늦은 일인 것 같아요."

한 남자아이가 거들었다.

"루시 말이 맞아요. 선생님께서 그런 규칙을 지키게 하고 싶으시다면 아이들이 아주 어릴 때 시작하시는 게 좋을 것 같아요. 어쩌면 어린이집에서부터요. 제 여동생이라면 아마 규칙을 따를 거예요."

깔개에 둘러앉은 아이들은 고개를 끄덕여 동감을 표현했다.

"네, 유치원에서 시작하세요, 선생님."

어떤 아이가 말했다.

"유치원 아이들은 선생님께서 '이것이 규칙이다' 하시면 믿고 따를 거예요. 선생님 말씀을 곧 법이라고 생각할 거예요."

카림 왕자는 험상궂게 생긴 선원에게 다가가서 공손하게 물었다.

"실례합니다만, 우리도 수색을 하셔야 하나요? 우린 방금 배에 올랐는데요."

선장이 툴툴거리며 말했다.

"그럴 필요는 없을 것 같소. 당신들은 어차피 몇 분 후에 배에서 내릴 거잖소."

그런 다음, 선장은 선원들에게 새로 탄 승객들이 내릴 때까지 수색을 중지하라고 명령했다. 배가 해안가에 도착하자 선원 한 사람이 왕자의 말을 몰고 나와 나무판자를 건너 뭍으로 내려 주었다.

까치가 일렬로 늘어선 키 큰 소나무숲 앞을 이리저리 날아다니며 일행을 맞이하기 위해 기다리고 있었다. 까치 아래에는 한 소녀가 서 있었다. 소녀의 머리카락은 애나벨라가 올랐던 바위틈에 피어 있던 노란 꽃들과 같은 빛깔이었다.

애나벨라는 이제 또 하나의 새로운 모험이 시작되었다고 생각했다. 진짜 학교, 새로운 친구들…… 또 어떤 일들이 벌어질까? 잠시 생각에 잠겼던 애나벨라는 갑자기 들려온 말 울음소리에 깜짝 놀랐다. 말들이 갑자기 머리를 쳐들고 울어 댔기 때문이다.

왕자가 말했다.

"말들이 선창 아래에 물이 출렁거리는 소리를 들었나 보다. 아마도 악어 같은 게 지나갔을 거야."

그러나 애나벨라가 마루스카의 숄을 꺼내려고 마차에 들어갔을 때, 담요가 전부 헝클어져 있고 진흙이 튄 것을 발견했다.

"아빠, 누군가 우리 마차에 들어왔었나 봐요. 선장님이 찾던 그 도둑이 아닐까요?"

왕자는 선창 아래와 해변을 둘러봤지만 아무것도 보이지 않았다.

"자, 우리는 지금 이 의혹을 풀 시간이 없단다, 애야. 여기 까치와 어린 공주님이 나와 있구나. 까치야! 알렉산드라! 드디어 여기에 오게 되어 우리가 얼마나 기쁜지 너희는 아마 상상도 할 수 없을 거야!"

두 소녀는 손을 내밀어 서로의 손을 꼭 잡아 주었다. "키다리 소나무 왕국에 오신 것을 환영합니다" 하고 알렉산드라가 말했다.

"우리 부모님이 네가 아빠와 함께 살 방을 준비하고 계셔."

애나벨라는 알렉산드라에게 고맙다고 말하고 주위를 둘러보았다. 그

러고는 "그런데 베아트릭스는 어디 있지?" 하고 물었다.

"베아트릭스는 언제 만날 수 있을까?"

까치는 당황한 것처럼 보였다.

"어……. 베아트릭스는 아직 너를 맞이할 준비가 안 됐대."

까치의 말에 알렉산드라가 웃음을 터뜨렸다.

"베아트릭스는 아무리 기다려도 자기가 아끼는 까치의 새로운 친구들을 만날 마음의 준비가 되지 않을 거야. 나를 처음 만났을 때도 개구리로 변신시키려고 했었거든. 다행히도 그건 베아트릭스에겐 너무 어려운 마법이라 실패했지만."

애나벨라가 걱정스럽게 까치를 바라봤지만 까치는 재빨리 소녀를 안심시켰다.

"걱정할 거 없어, 애나벨라. 베아트릭스는 너를 괴롭히지 않을 거야. 그냥 단지 새로운 친구를 사귀는 데 시간이 좀 걸릴 뿐이야."

그러나 바로 근처 나무 뒤에 숨어 있던 베아트릭스는 질투심에 불타는 눈초리로 새로 온 사람들을 노려보며 중얼거렸다.

"너무 그렇게 확신하지 않는 게 좋을걸. 까치야, 난 네가 생각하는 것만큼 착하지 않다고!"

다섯 마리의 생쥐 자매와 다섯 마리의 생쥐 형제가 살

리사는 생쥐 이야기를 낭송했다.

"옛날 옛적에 다섯 마리의 생쥐 자매와 다섯 마리의 생쥐 형제가 살고 있었어요. 생쥐 자매 중의 둘과 생쥐 형제 중의 둘은 갓 태어난 아기 생쥐였어요. 언니와 형들은 아기들을 잘 돌봐 주었지요. 블루베리도 따다 주고, 이불도 포근하게 덮어 주고, 잠들기 전에는 이야기도 들려주었어요. 그러던 어느 날 엄마와 아빠가 없는 아기 고양이가 찾아와서 자기도 생쥐 가족이 될 수 있냐고 물어보았어요. 생쥐들은 모두 좋다고 하며 아기 고양이를 가족으로 받아 주었답니다. 끝."

나는 감탄하며 리사를 바라보았다.

"네 이야기 속에서는 모두가 함께 놀 수 있구나."

리사가 미소를 짓고는 이야기가 쓰인 종이 귀퉁이에 작은 생쥐를 그리기 시작했다. 그러더니 갑자기 "선생님, 베아트릭스가 질투심이 많다고 하셨죠?" 하고 물었다. 마치 우리가 계속 까치의 마녀 친구에 대해 이야기하고 있었던 것처럼.

"베아트릭스가 자신이 착하지 않다고 생각한 건 바로 그 때문이에요. 질투심이 많은 사람들은 자신이 착하다고 느끼지 않아요."

"그거 참 신기하네. 그렇다면 사람들은 무엇 때문에 질투하게 되는 걸까?"

"선생님도 아시잖아요. 누군가를 자기 혼자 독차지할 수 없을 때 질투심이 생기죠. 질투심이 생길 땐 저도 착하지 않아요."

"베아트릭스는 착한 일도 하긴 해. 네 이야기 속에서 언니와 형들이 동생들을 돌본 것처럼 베아트릭스도 까치를 돌봐 줬잖아. 네가 지금 그리고 있는 작은 쥐가 바로 그 아기 생쥐 아니니?"

리사는 정확히 열 마리의 생쥐와 작은 고양이 한 마리를 그려 놓았다. 리사가 만든 이야기 속 주인공들이었다.

"리사, 네 덕분에 선생님한테 좋은 생각이 떠올랐어. 잠깐 여기서 기다려."

나는 책가방에서 큰 스케치북을 꺼냈다. 까치 이야기를 옮겨 적은 스케치북으로, 나중에 윌슨 선생님에게 삽화를 그려 달라고 부탁할 생각이었다. 그녀는 좋은 선생님이면서 훌륭한 삽화가이기도 하다. 하지만 나는 리사가 한 것처럼 아이들이 직접 빈 공간에 그림을 그려 넣는 것이 더 좋을 거라는 생각이 들었다.

곧 여섯 명 이상의 아이들이 탁자 주위로 모여들었다. 어린아이들은 자신을 돌봐 주는 어른의 새로운 행동에 늘 주의를 기울이고 재빨리 반응한다. 내가 뭔가 결심한 듯 책가방이 있는 쪽으로 걸어가서 처음 보는 커다란 책을 꺼내자 아이들이 저절로 내 곁으로 모여든 것이다.

나는 책장을 천천히 넘겼다.

"봐, 이게 까치 이야기야. 이야기를 한 장씩 이 종이 위에 다시 옮겨 적고 있단다. 비어 있는 이 공간에는 그림을 그려 넣을 수 있게 말야. 너희가 이곳에 그림을 그려 줄 수 있겠니? 물론 작은 그림이어야겠지? 글이 대부분의 자리를 차지하니까."

나는 오늘 새로 적은 부분이 나올 때까지 스케치북을 한 장씩 계속 넘겼다.

"자, 여기를 봐. '왕과 왕비는 카림 왕자와 애나벨라에게 성의 빈 방에서 살라고 제안했다. 하지만 카림 왕자는 숲의 가장자리, 한적한 곳에 세워져 있는 빈 오두막에서 살고 싶다고 말했다'라고 쓰여 있지? 이게 새로운 장의 시작이란다. 자, 이제 여길 보렴. 각 페이지마다 그림이 들어갈 수 있는 공간이 보이지?"

"저는 오렌지꽃 사람들을 그리고 싶어요" 하고 안젤로가 말했다.

"그리고 독수리도요. 선생님, 그리고 싶은 만큼 많이 그려도 돼요?"

"물론이지. 선생님은 너희가 그린 그림을 모두 여기에 넣을 거야. 단지 빈 공간에 들어갈 만큼만 작게 그린 후에 오려서 선생님한테 가지고 오렴. 그러면 선생님이 알맞은 내용을 찾아 그 옆에 그림을 붙일게."

리사는 내 말이 끝나기도 전에 까치 그림을 완성하여 주었다.

"와, 이거 멋있구나. 그림이 조금 크지만 여기 위쪽 구석에 붙이면 되겠다."

나는 자로 까치의 부리부터 꼬리까지의 길이를 쟀다.

"리사가 그린 까치는 몇 센티미터일까?"

내가 묻자 모든 아이가 8센티미터라고 대답했다.

"그래, 이 오른쪽 가장자리 공간의 길이가 바로 8센티미터야. 그다음, 왼쪽은 5센티미터구나. 너희가 그린 그림을 자로 재보렴. 그리고 어느 쪽에 그림을 붙여야 할지 알아보자. 혹시 그림이 너무 크더라도 걱정할 거 없어. 선생님이 각 장이 끝나는 부분에 넓은 공간을 비워 두었거든."

갑자기 아이들이 종이, 크레용, 매직, 가위 등을 꺼내러 달려가느라 교실이 시끌벅적 부산해졌다. 교실 안은 그림에 몰두한 아이들의 조용한 독백으로 가득 차게 되었다.

"이건 애나벨라야, 애나벨라는 머리에 분홍색 리본을 달고 있고, 파란색 치마를 입고 있어. 이제 오렌지색 꽃을 그려야지."

"끼익! 끼익! 끼익! 조심해, 독수리다! 끼익! 끼익! 끼익!"

아, 교실이 항상 이런 모습이라면 새로운 규칙을 시행할 필요도 없을 것이다. 모든 아이가 선생님이 설정한 목표를 달성하기 위해 각자 할 일에 집중하고 있다. 아무도 따돌림당하지 않고, 아이들 모두의 활동이 동등한 관심을 받으며, 각자의 표현은 까치 이야기 속에서 공평한 자리를 차지한다. 아무런 문제도 없다. 그러나 규칙은 그 외의 시간을 위해 필요하다. 하루의 대부분의 시간, 공적 의무와 사적인 요구가 상충하는 시간을 위해서 말이다.

리사는 세 번째 그림으로 베아트릭스를 그리고 있다. 마음먹은 대로 그림이 잘 그려지진 않았지만, 참을성을 잃지 않았다. 그런데 왜 그동안 다른 친구들에게는 참을성을 발휘하지 못했을까.

"어쨌든 리사야, 선생님은 네가 히로코에게 참 친절하게 대했던 것을 기억해. 히로코가 무릎을 다쳤을 때 네가 옆에 앉아서 책을 읽어 주었잖아. 그래서 히로코가 기분이 한결 좋아졌지. 너는 그날 아주 오랫동안 히로코의 친구가 되어 주었어."

"선생님, 저랑 베아트릭스 중에 누가 더 착해요?"

"너희 둘 다 착한 일을 하지."

"베아트릭스가 애나벨라에게 못되게 굴까요?"

리사가 걱정스럽게 말했다. 그런데 리사가 애나벨라를 만나면 '너랑 같이 안 놀아'라고 말하지 않을까? 왠지 리사는 알렉산드라만 좋아할 것 같다. 좋지 못한 생각인 건 알지만, 리사는 금발 여자아이를 더 좋아하는 것 같다. 리사는 자신의 이야기로 역할놀이를 할 때 한 번도 흑인인 제니퍼에게 역할을 준 적이 없다. 그것은 안젤로에게도 마찬가지였다. 하지만 클라라와 넬슨도 뽑지 않기는 했다. 그 아이들은 모두 옅은 금발이었는데도 말이다.

리사의 눈으로 보면 이 아이들의 공통적인 특징은 이방인이라는 점이다. 리사가 그동안 알아 왔던 아이들과는 어딘가 다르다는 것이다. 아니, 이것은 사실이 아니다. 이 아이들은 다르지 않다. 이방인으로 대우받기 때문에 이방인이 되어 가는 것이다.

"선생님이 볼 때 넌 베아트릭스와 애나벨라를 걱정하고 있는 것 같구나. 사실 베아트릭스는 애나벨라에게 못된 짓을……."

그러자 리사가 웃으며 벌떡 일어났다.

"아니에요! 베아트릭스가 애나벨라에게 못되게 구는 것을 까치가 두고 보지 않을 거예요. 틀림없어요!"

그러고는 다른 놀이를 하러 뛰어나갔다.

베아트릭스가 못된 짓을 하지 못하게 하는 까치는 누구일까? 질투를 누를 만큼 강하고, 본능과 변덕을 다스릴 수 있을 만큼 성숙한 존재일 것이다. 리사는 까치를 좋아하고 신뢰한다. 리사가 제일 먼저 그린 그림도 바로 까치였다.

리사는 아마 내가 더 까치처럼 되기를 바라고 있지 않을까 하는 생각이 들었다. 리사가 놀이 친구를 독점하고 싶어 질투하거나 이방인에 대해 심기가 불편하더라도 한편으로는 자신이 못되게 구는 것을 선생님이 막아 주기를 바랄 거라고 확신했다.

왕과 왕비는 카림 왕자와 애나벨라에게 성의 빈 방에서 살라고 제안했다. 하지만 카림 왕자는 숲의 가장자리, 한적한 곳에 세워져 있는 빈 오두막에서 살고 싶다고 말했다.

"저는 가능하면 새들과 가까이 살고 싶어요."

매일 학교 수업이 끝나면, 알렉산드라는 애나벨라와 함께 집으로 갔다. 왕자는 새 모이를 주는 곳 옆에서 아이들을 기다리며 부산하게 모이를 먹는 새들을 그리곤 했다. 아이들을 보면 왕자는 "새들에게 먹을 것을 주었으니, 이제 너희에게도 먹을 것을 줘야겠지? 차 마실 시간이다. 얘들아, 큰 잔에 줄까, 작은 잔에 줄까?" 하고 말했다. 애나벨라는 여전히 마루스카의 인형 잔으로 차 마시기를 좋아했다.

어느 날, 둘이 손을 맞잡고 산책을 하다가 알렉산드라가 말했다.

"우리가 자매였으면 좋겠어."

애나벨라가 미소 지으며 대답했다.

"친구인 게 더 좋아. 하지만 상상 속에서는 우리도 자매가 될 수 있지. 자, 지금부터 우린 숲 속을 산책하는 두 자매라고 생각하자. 그리고……."

알렉산드라가 이어서 말했다.

"그리고 우리는 엄마와 아빠 없이 둘이서만 살고 있다고 하자. 그런데 숲에서 길 잃은 아기 곰을 만난 거야. 우리가 그 곰을 집으로 데려다주는 거지. 마루스카가 아기 곰 역할을 하면 되겠다."

애나벨라가 허리를 굽혀 이끼를 한 움큼 뜯었다.

"이건 우리가 저녁으로 먹을 블루베리야!"

애나벨라는 사실 한 번도 블루베리를 따본 적은 없지만, 알렉산드라와 블루베리 따기 놀이를 하는 것을 좋아했다. 애나벨라는 이끼를 알렉산드라에게 건네며 "이걸 블루베리라고 생각해"라고 말했다.

나무 뒤에서 두 아이가 나누는 이야기를 들은 베아트릭스는 질투심에 사로잡혔다. 그리고 까치에게 "나는 저 애들이 너무 미워" 하고 말했다. 까치는 걱정이 되었다.

"하지만 베아트릭스, 쟤들이 너에게 나쁜 짓을 한 것도 아니잖아."

"아냐, 나빠!"

베아트릭스는 화난 목소리로 반박했다.

"저 애들은 서로 좋아하잖아. 그리고 둘이서 재미있게 역할놀이도 하고. 나는 까치 너밖에 친구가 없는데. 하지만 넌 진짜 아이가 아니잖아.

그래서 저 애들만 보면 화가 나. 조만간 저 애들에게 못된 짓을 하고 말 거야!"

까치가 베아트릭스의 얼굴 주변을 날아다니며 "베아트릭스, 무슨 일을 벌일 건지 나한테 알려 줘" 하고 말했지만 꼬마 마녀는 고개를 흔들었다.

"넌 몰라도 돼. 사실 아직은 뭘 할지 정하지 않았어. 저리 가. 지금은 나 혼자 있고 싶어."

하지만 베아트릭스는 이미 나쁜 짓을 할 계획을 다 세워 두었다. 까치가 떠나자마자 베아트릭스는 애나벨라와 알렉산드라가 숲 속을 가로질러 가는 길 옆에 파놓았던 구덩이의 덮개를 벗겨 냈다. 구덩이는 베아트릭스의 지하 동굴과 연결되어 있었다.

"자, 그런데 어떻게 하면 애나벨라가 가던 길을 멈추고 이 구덩이 쪽으로 오게 할 수 있을까?"

베아트릭스는 구덩이를 파면서 곰곰이 생각했다. 삽으로 한 번 더 흙을 퍼내는데 갑자기 좋은 생각이 떠올랐다. 바로 블루베리 덤불이었다! 애나벨라는 역할놀이를 할 때 블루베리 따는 척하는 것을 좋아했다.

베아트릭스는 마법을 그리 잘하는 편은 아니었지만 블루베리 덤불을 만드는 정도는 할 수 있었다. 마녀 학교에서 더 열심히 공부했다면 이보다 더 어려운 마법도 잘할 수 있었을 텐데…….

엄마는 "좀 더 집중해서 공부하지 않으면 절대로 뛰어난 마녀가 될 수 없어"라고 경고하곤 했다. 베아트릭스는 "하지만 전 너무 외로워요. 아무도 저를 좋아하지 않으니까요" 하고 대답했다. 그러면 엄마는 고개를 저으며 이야기했다.

"그렇지만 얘야, 마녀는 원래 사람들에게 사랑받을 수가 없어. 네 여동생들은 그런 거 전혀 신경 쓰지 않잖니. 마녀들은 다 그런 거야."

베아트릭스는 구덩이 위에 나뭇가지를 수북이 쌓으면서, 자기가 지금부터 마법을 사용해서 벌이려 하는 나쁜 장난을 엄마가 보지 못하는 것을 아쉬워했다. 베아트릭스가 세 번 눈을 깜박거리자 잘 익은 블루베리 덤불이 나타났다. '이거 쉽구나' 하고 베아트릭스가 생각했다. 문제는 어떻게 애나벨라가 이 함정에 빠지게 하는가였다.

결국 베아트릭스가 걱정했던 대로 두 소녀 모두 구덩이에 빠졌다. 사실, 정확하게 말하자면 한 사람은 빠진 것이고 한 사람은 뛰어든 것이었

다. 애나벨라가 먼저 블루베리를 발견했다.

"와, 저기 봐! 이런 곳에 블루베리가 있을 줄은 몰랐는데…… 앗, 살려 줘, 나 빠졌어!"

알렉산드라는 친구가 나뭇가지 사이로 사라지는 것을 두려움에 싸여 바라보았다. 그러더니 "기다려! 나도 갈게!" 하고 소리치며 구덩이로 뛰어들었다. 나뭇잎이 쌓인 바닥 위로 떨어진 두 소녀는 몸을 털며 재빨리 일어났다.

"동물을 잡으려고 만든 함정인가 봐."

알렉산드라가 말했다. 그러자 "아니야!" 하고 소리 지르며 베아트릭스가 튀어 나왔다.

"그건 내가 애나벨라를 빠뜨리려고 만든 함정이라고! 그런데 알렉산드라 네가 다 망쳤어. 너 같은 말썽쟁이를 까치가 도대체 왜 좋아하는지 모르겠어!"

알렉산드라는 몹시 화가 났다.

"말썽쟁이는 너야, 베아트릭스! 네가 함정을 만들어서 우리를 빠뜨렸잖아."

베아트릭스가 발을 구르며 울부짖었다.

"아니야, 아니야! 난 그저 애나벨라를 빠뜨리려고 한 거라고! 아, 마녀 학교에서 좀 더 열심히 공부할걸."

애나벨라는 키 크고 특이하게 생긴 이 여자아이를 매우 흥미 있게 찬찬히 살펴보다가 말했다.

"그렇다면 기분 나빠할 필요 없어, 베아트릭스. 함정에 빠진 건 나뿐이니까. 알렉산드라는 자기가 뛰어든 거거든."

베아트릭스가 놀랐다.

"뛰어들었다고? 왜? 도대체 왜 그랬니, 알렉산드라?"

"애나벨라를 돕고 싶어 그랬지."

알렉산드라의 대답을 듣고 베아트릭스의 얼굴이 붉어졌다.

"봐! 이것 보라구! 내가 빠졌으면 아무도 나를 구해 주려고 구덩이에 뛰어들지 않았을 거야. 나는 까치밖에 친구가 없어. 사실 까치는 친구라고 하기도 어렵지. 나는 애나벨라 네가 구덩이에 빠져서 아무도 같이 놀아 줄 사람이 없게 되면 외로워져서 나랑 친구가 되어 줄 거라 생각했어. 그런데 네가 다 망쳤어, 알렉산드라."

그리고 베아트릭스가 울기 시작했다. 알렉산드라는 마녀가 평범한 아이처럼 우는 것을 보고 놀랐다.

"진짜로 미안해, 베아트릭스. 이렇게 큰 구덩이를 파고 블루베리 덤불을 만드느라 아주 고생했을 텐데 말야."

그런 다음 베아트릭스의 옷에 붙은 거미줄을 훑어 내고 헝클어진 머리를 다듬어 주었다.

"어쨌든 넌 정말 영리한 마녀임에 틀림없어."

그러자 애나벨라가 베아트릭스의 손을 잡았다.

"내일 차 마시러 우리 집에 오지 않을래? 아빠가 설탕 쿠키를 만들어 주실 거야. 예전에 우리 엄마가 만들어 주시던 방법으로 맛있게!"

베아트릭스의 눈이 놀라움으로 휘둥그레졌다.

"같이 차 마시자고 나를 초대하는 거야, 지금? 차 마시러 오라고?"

베아트릭스는 수레바퀴를 돌리듯 옆으로 팔짝팔짝 재주를 넘어 긴 동굴의 안쪽으로 들어갔다.

"같이 가, 베아트릭스! 어딜 가는 거니?"

"나를 따라와! 밖으로 나가는 길이야."

애나벨라와 알렉산드라가 입구까지 올라가자 베아트릭스가 까치에게 애나벨라의 집에 초청받은 이야기를 하는 것이 보였다. "정말 저 아이들이 나랑 친구가 되고 싶어 하는 걸까?" 하고 베아트릭스가 불안해하며 속삭였다.

까치가 애나벨라를 향해 몸을 돌렸다.

"베아트릭스가 함정을 만들었다는 걸 들으시면 같이 차 마시는 것에 대해 아빠가 어떻게 생각하실까? 그래도 반겨 주실까?"

애나벨라가 폴짝폴짝 앞으로 뛰어나가며 말했다.

"그럼. 아빠도 너랑 같은 생각이실 거야, 까치야. 그 이야기를 들으시면 베아트릭스가 외롭다는 것을 아시고 매일매일 차 마시러 오라고 초대하실걸."

‹‹ ✿ ✿ ✿ ››

"아빠도 너랑 같은 생각이실 거야, 까치야. 그 이야기를 들으시
면 베아트릭스가 외롭다는 것을 아시고 매일매일 차 마시러 오
라고 초대하실걸."

새벽 달리기를 할 때, 나는 땅 위를 밟는 발의 리듬에 맞추어 구호를
되뇌었다. '너랑 안 놀아'라고 말하지 않기! '너랑 안 놀아'라고 말하지
않기! 나는 까치와 카림 왕자처럼 외로운 아이들을 다과파티에 초대할
준비가 되었는가? 선생님조차 참을 수 없을 정도로 말썽쟁이라는 것은
충분히 불행한 일이다. 게다가 자기 반 친구들로부터 따돌림을 받는 것
은 정말 슬픈 일이다.

하지만 이러한 도덕률을 과연 법으로 정할 수 있을까? 그러면 다른
도덕률과 비교해 보자. 다른 사람의 강요나 반대에 굴하지 않고 친구를
선택할 권리는 어떨까? 그렇다. 사람들은 자신의 친구를 선택할 권리를
가지고 있다. 아무도 누군가와 놀지 말라고 말할 수는 없다.

누군가와는 함께하면서 다른 사람들은 제외시키려고 하는 것은 혹시
일종의 자연적인 욕구가 아닐까? 아니면 이 욕구는 혹시 깨물기와 비슷
한 범주의 욕구가 아닐까? 두 살배기 아기들 중에는 다른 사람을 깨물
고 싶어 하는 강한 욕구를 가진 아기가 있다. 이러한 아기들은 자라면서
충동을 억제할 수 있게 되고, 비로소 안도감을 느끼게 된다.

파괴적인 성향은 어쩌면 스스로에게 부담스러운 짐일지 모른다. 다른 사람의 괴로움이 동반되어야 즐거울 수 있는 데서 벗어날 수만 있다면, 그것은 분명 안도할 만한 일일 것이다. 따돌림을 깨물기와 비교하는 것이 적절하다면 따돌림에도 역시 같은 논리가 적용될 것이다.

아이들을 가르치는 것은 서로 상반된 도덕의 경계에 양다리를 걸치고 있는 것과 같다. 이것을 해야 할까, 하지 말아야 할까? 이것은 옳은 것일까, 그른 것일까? 공정한가, 불공정한가? 적절한가, 부적절한가?

더 이상 이 문제에 대해서는 고민하지 말자. 나는 확고한 의지로 내 결정을 밀고 나갈 것이다. 그러면 나중에 내 묘비명에 이런 글귀가 새겨질 수도 있을 것이다.

〈'너랑은 안 놀아'라고 말하지 않기〉라는 규칙을
모든 아이의 마음에 새겨 넣은 선생님이 이곳에 잠들다.

이렇게 상상하니 웃음이 터져 나왔다. 아마 달리기 후의 상쾌한 기분에 빠져 있는 모양이다. 괜찮아, 나는 오늘부터 이 규칙을 시행할 거야. 윌슨 선생님이 까치 이야기의 새로운 장을 읽어 준 다음에 즉시 시작해야지. 이번 장은 아무도 좋아하지 않는 레이먼드라는 아이에 관한 이야기다.

"우리 반은 그 애가 오기 전이 훨씬 더 좋았는데."

나는 리사가 레이먼드를 어떻게 생각할지 궁금했다. 어제 리사는 나에게 이렇게 말했다.

"어떤 아이들과는 놀고 싶지 않아요. 그 애들은 너무…… 음, 거칠어요. 그러니까…… 그 애들은 항상 기분이 나쁜 것 같아요."

"슬퍼하는 아이와 같이 놀고 싶지는 않다는 거지? 4학년 언니 중 한 명도 비슷한 이야기를 했어."

"네. 슬픈 아이들과 같이 있으면 저도 슬퍼져요. 그리고 내가 슬퍼질 거라고 생각하면 더 슬퍼지게 되고요."

리사가 그 감정을 잘 파악해 냈다. 누군가가 슬퍼하면 슬퍼할수록 다른 사람들은 그 곁에 가고 싶어 하지 않는다. 그렇다면 명확하고 공개적으로 아이들을 덜 슬프게 하려는 노력을 한다면 어떨까? 자, 지금부터 그 결과를 보게 될 것이다.

　다음 날, 차 마시는 시간에 여자아이들은 온통 새로 온 빨간 머리 남자아이에 대해서만 이야기했다.

　알렉산드라가 베아트릭스에게 말했다.

　"나는 네가 마법으로 그 아이를 없애 주었으면 좋겠어, 베아트릭스. 우리 반은 그 애가 오기 전이 훨씬 좋았는데."

　베아트릭스는 애나벨라와 알렉산드라가 다니는 학교에 한 번도 가본 적이 없었다. 베아트릭스가 다니는 마녀 학교에서는 '읽기'나 '쓰기'와 더불어 '나쁜 짓 하기'에 대해서도 배운다. 하지만 바깥세상에서는 착한 행동을 더 선호한다는 것을 알게 되었다.

　"그 애가 어떤 짓을 하는데?"

　카림 왕자가 건네주는 접시에서 세 번째 설탕 쿠키를 집으며 베아트릭스가 물었다. 그러자 알렉산드라가 씩씩거리면서 대답했다.

"그게…… 그 애가 내 그림을 찢어 놓고, 애나벨라의 색연필을 부러뜨리고, 애나벨라의 의자를 넘어뜨리고, 남자애들을 밀고……. 아, 도대체 왜 그런 애가 우리 학교에 왔을까?"

새로 온 소년의 이름은 레이먼드였다. 그 아이가 어디에서 왔는지, 어디서 살고 있는지 아무도 알지 못했다. 모든 아이가 레이먼드에 대해 불평할 뿐이었다.

키다리 소나무 왕국에는 학교가 하나 있었다. 교실도 딱 하나, 선생님도 오직 한 분 있는 학교였다. 애나벨라가 오자 학생 수는 열다섯 명이 되었고, 레이먼드까지 와서 열여섯 명이 되었다. 모든 연령의 아이들이 커다란 교실 하나에서 함께 수업을 받고 함께 놀았다. 고학년 아이들은 저학년 아이들에게 읽기와 쓰기를 가르쳤고, 저학년 아이들은 고학년 아이들이 학교 마당에서 키우는 닭에게 모이를 주고 장작을 패거나 밭에서 잡초를 뽑을 때 일을 도왔다.

"난 저학년이 아니야, 그리고 고학년도 아니야!"

레이먼드는 학교에 온 첫날에 고학년 아이들의 일을 돕기를 거부하며 이렇게 말했다. 선생님은 눈썹을 찡그렸지만 아무 말도 하지 않았다.

"그런 애는 벌을 받아야 해!"

알렉산드라가 까치에게 말했고, 베아트릭스도 그 생각에 동의했다.

"그 애의 의자를 넘어뜨리는 건 어때? 아니면 밀쳐 버리든가. 나 같으면 그런 아이는 제대로 혼쭐을 내서 버릇을 고쳐 놓을 텐데."

까치가 반대했다.

"그런 건 소용없어, 베아트릭스. 그런다고 그 애가 좋아질 리가 없어."

하지만 베아트릭스는 동의하지 않았다.

"그런 애한테는 내 고약한 마법 몇 개가 딱 효과적일 텐데. 어떤 마법인지 보여 줄까, 얘들아? 그 애가 너희 학교에 온 걸 후회하게 만들 수 있어. 정말이라니까!"

카림 왕자는 아이들의 대화를 흥미 있게 듣고 있었다.

"애나벨라, 그 아이를 우리가 차 마실 때 한번 초대할까? 새에 대한 책도 보여 주고, 나랑 함께 새들을 보러 갈 수도 있고. 그러면 그 아이 기분이 좀 나아지지 않을까?"

다음 날 수업이 끝난 후, 애나벨라는 레이먼드를 만나 차 마시러 오라고 초대했다. 레이먼드는 놀란 것처럼 보였지만, 곧 인상을 썼다.

"왜 너희 아빠가 나를 보고 싶어 하시는 건데? 모든 애들이 나를 얼마나 나쁘게 생각하는지 너희 아빠에게 말했을 거 아냐."

애나벨라가 고개를 끄덕였다.

"말씀드렸지. 그래도 아빠는 네가 오기를 원하셔. 네가 새를 보러 가는 것을 좋아할지도 모른다고 생각하셔."

"아, 난 싫어! 그리고 차 같은 건 마시고 싶지도 않아!"

레이먼드는 화가 난 듯 흙을 발로 찼다. 그리고 꽃밭을 가로질러 깊

은 숲 속까지 뛰어가서는 바닥에 주저앉아 울기 시작했다. 그때 머리 위 나뭇가지에서 누군가의 목소리가 들려왔다.

"나를 좀 도와줄 수 있니? 내 이름은 까치야."

레이먼드가 눈물을 닦고 까치를 쳐다보았다.

"아기 너구리가 우리에 갇혔는데 자물쇠의 스프링을 열려면 누군가의 손이 필요하거든. 네가 좀 도와줄래?"

레이먼드는 일어나 까치를 따라갔다. 그곳에는 우리 안에 갇혀 낑낑거리는 작은 동물이 있었다.

"빨리 서둘러야 할 거야. 저쪽에서 발자국 소리가 들리는 것 같아."

레이먼드는 녹슨 자물쇠와 씨름을 했다.

"한 번만 더 돌리면 열릴 것 같아."

그러자 아기 너구리가 다가와서 레이먼드의 손가락을 핥았다.

"됐어! 어서 나와라, 아기 너구리야. 빨리 너희 엄마에게 돌아가렴."

그리고 레이먼드는 혼자 한숨을 쉬었다.

"부럽다. 엄마랑 같이 있을 수 있다니."

까치는 레이먼드의 말을 못 들은 척하고 말했다.

"고마워, 레이먼드. 너는 새로 온 아이구나. 아무튼 아주 잘했어."

"음, 뭐. 이제 난 가야 할 것 같아" 하고 레이먼드가 중얼거렸다. 까치는 레이먼드가 부끄러워하고 있다는 것을 알 수 있었다. '참 특이한 아이네'라고 생각하며 물었다.

"엄마가 기다리고 계시니?"

하지만 레이먼드는 대답하지 않고 돌아섰다. 그러고는 뒤도 돌아보지 않고 외쳤다.

"그럼, 물론 엄마가 기다리고 계시지!"

잠시 후, 까치는 조용히 레이먼드를 따라갔다. 곧 나무뿌리가 이리저리 얽혀 있고 가지에는 이끼가 끼어 있는 울창한 숲에 도착했다. 소년은 주위를 둘러본 다음 작은 동굴을 가리고 있던 커다란 나뭇가지를 밀쳐 내고 안으로 들어갔다. 까치는 레이먼드가 부서진 나무 상자에 교과서를 정리해서 넣는 것을 지켜보았다. 그리고 나서 소년은 평평한 바위 위에 쌓아 둔 사과 가운데 하나를 집어 들더니 이끼와 솔잎으로 만든 침대 위에 누웠다.

까치는 이 동굴 안에는 소년의 엄마가 살지 않는 게 분명하다고 생각했다. 그리고 애나벨라가 말했던 배의 도둑이 바로 레이먼드라는 것도 알아챘다. 사과 옆에 고기 통조림 여섯 개가 쌓여 있었고 이 통조림에는 배의 이름이 붙어 있었기 때문이다.

하지만 그 시각 레이먼드는 배에서의 끔찍했던 시간에 대해서는 생각하지 않았다. 동굴 천장을 바라보면서 자신이 구해 낸 아기 너구리에 대해서만 생각했다. 그리고 큰 소리로 말했다.

"작은 동물을 도와주는 건 정말 기분 좋은 일이야! 내일 학교에 가면 다른 애들을 도와줘야지!"

레이먼드는 배에 혼자 숨어 탄 이후 처음으로 미소를 지었고, 곧 깊은 잠에 빠져들었다.

chapter 3

새 질서가
시작되다

5학년 아이들과의 토론은 일주일 연기되었다. 나는 더 지체하지 않고 계획을 실행에 옮기기로 했다. 아이들은 피아노 위쪽 벽에 크게 써 붙인 글자판의 글자들을 내가 하나씩 가리키자 빤히 쳐다보았다.

  "'너랑 안 놀아'라고 말하기 않기! 이건 우리의 새로운 규칙이야. 큰 글자로 써 놓았어. 우리, 그동안 이 문제에 대해서 계속 토론해 왔지? 이제부터는 이 규칙을 실천하는 거야."

  아이들은 불안한 표정으로 서로를 바라보았다. 몇 주 동안 마음의 준비를 해오긴 했어도 막상 발표하니 너무 갑작스럽게 느껴졌나 보다.

  "그럼 규칙의 예를 한번 들어 볼게. 전에 리사와 신시아가 클라라에게 강아지 인형을 갖고 있지 않아서 같이 못 놀겠다고 말했던 거 다들 기억하지? 그리고……."

"그리고 벤이 저를 공룡놀이에 끼워 주지 않았어요!"

안젤로가 외쳤다. 곧이어 클라라도 이야기했다.

"그리고 스미타는 저더러 자기 옆에 앉지 말라고 했어요."

그러자 스미타가 억울한 듯 변명했다.

"하지만 셰일라가 먼저 저랑 짝을 하지 않겠다고 했단 말이에요."

더 이상 내가 예를 들 필요가 없었다. 나는 용기를 얻어 미소를 지었다.

"자, 앞으로는 이런 일이 생기면 어떻게 해야 할지 알겠지? 너희도 알다시피, 이 규칙이 그런 일들이 일어나는 것을 완전히 막아 주지는 못할지도 몰라. 하지만 그런 일들이 일어났을 때 어떻게 행동하는 게 옳고 그른지는 알 수 있게 될 거야."

리사가 곧 불평을 터뜨렸다.

"선생님, 이건 하나도 공정하지 않아요! 저는 그냥 토론만 하는 건 줄 알았어요. 저는 계속 제 친구들하고만 놀고 싶어요. 어떤 애가 저한테 못되게 굴거나 때리면 어떡해요?"

"리사, 네 기분이 어떤지는 잘 알아. 하지만 앞으로도 넌 네가 좋아하는 친구들과 얼마든지 놀 수 있어. 그건 바뀌지 않아. 게다가 친구를 때리면 안 된다는 규칙이 이미 있지 않니. 너희 모두 그 규칙에 대해서는 잘 알고 있지?"

찰리가 큰 소리로 말했다.

"한 번 때리는 건 실수나 사고일 수 있다. 하지만 또다시 때리면 놀이에서 빠져야 한다!"

그러나 리사는 전혀 동감할 수 없는 것 같았다.

"제가 좋아하지 않는 아이들이 몇 명 있단 말이에요."

"그래, 넌 날 좋아하지 않아."

안젤로가 무덤덤하게 말했고, 모든 아이가 그러한 슬픈 진실에 대해 이미 잘 알고 있다는 듯한 표정으로 안젤로를 바라보았다.

그래, 이것을 일종의 시험으로 생각하자. 만일 리사가 안젤로를 자신의 놀이나 이야기 속에 끼워 준다면 그것은 이 규칙이 효력을 발휘한다는 증거가 될 것이다. 그때까지 나는 이 규칙이 모든 아이에게 공정하게 작용한다는 것을 설득하고 입증하기 위해 노력해야 할 것이다.

"음, 너희에게 규칙을 지키라고 말하는 대신 선생님도 지금까지의 행동을 바꿔 나가려고 해."

내가 작은 소리로 말했다. 아이들은 더 잘 듣기 위해 가까이 다가왔다. 아이들은 나의 새로운 목소리, 나지막하게 내는 목소리에 익숙해져 갔다.

"너희의 새로운 규칙에 맞추려면 선생님의 생활에도 큰 변화가 필요하거든."

나의 말에 아이들은 크게 놀랐다. 아이들이 미처 예상치 못했던 부분이 새로운 드라마의 1막에 등장한 것이다.

"칼이 블럭들을 정리하지 않아서 선생님이 얼마나 화를 냈었는지 너희 모두 기억하지?"

"그래서 칼은 블럭을 다 정리할 때까지 놀 수가 없었잖아요."

셰일라가 대답했다.

"맞아." 그러면서 나는 글자판을 가리켰다.

"하지만 앞으로 너희가 친구에게 '너랑 안 놀아'라고 말하지 않는다면, 선생님도 너희에게 '놀지 마'라고 말하지 않을게."

"그렇지만 칼이 또 장난감을 정리하지 않으면요?" 하고 클라라가 물었다.

"글쎄, 어떻게 하면 좋을까?"

찰리가 제일 먼저 대답했다.

"그냥 가만히 놔둬야죠."

"아무것도 하지 말고?"

"네. 그냥 칼이 책을 읽게 놔두세요."

나는 놀라서 찰리를 바라보았다.

"너는 칼에게 참 친절하구나. 지난번에 닌자 거북이 놀이를 할 때는 칼을 끼워 주지 않았잖아."

"저는 그때 칼에게 내일 끼워 주겠다고 말했어요."

"아니, 그런 말 한 적 없어요" 하고 칼이 말했다.

"어쨌든 이 새로운 규칙은 좋지 않아요."

리사가 계속 주장하자 내가 간단히 정리해서 말했다.

"리사, 너는 아이들에게 계속 '너랑 안 놀아'라고 말할 수 있기를 바라는 거지?"

하지만 리사는 부정했다.

"아니에요. 저는 아이들이 기분 나쁘지 않게 잘 말할 거예요. 상냥한 목소리로요."

"그러면 선생님도 칼에게 상냥한 목소리로 장난감을 정리하지 않으면 놀 수 없다고 말해도 되겠구나?"

리사가 뾰로통한 표정으로 고개를 저었다.

"장난감을 정리하는 건 다른 문제잖아요."

"당연히 다르지, 리사. 장난감을 정리하지 않았다고 유치원 아이에게 놀지 못하게 하는 것은 좋지 않은 일이라는 생각이 선생님도 들더구나. 칼도 좀 더 자라면 결국 정리하는 법을 배울 테니까. 어쩌면 당장 내일부터 정리를 잘하게 될지도 모르지."

나는 칼을 바라보며 미소를 지었다.

"하지만 리사, 선생님은 안젤로의 말도 맞다고 생각해. 지난번에 안젤로가 말했었지? 어떤 아이가 있는데 다른 아이들이 그 애랑 놀아 주지 않으면 그 애는 너무 외로워서 울게 될 거라고. 너무 외롭고 슬픈 사람은 잘 배울 수도 없고 착한 행동도 할 수 없을까 봐 선생님은 걱정이 된단다."

"새로 온 소년, 레이먼드처럼요? 그 아이는 까치 말고는 친구가 아무도 없잖아요."

"아냐, 아기 너구리도 있잖아" 하고 안젤로가 덧붙였다.

"아, 선생님. 제가 얘기했던 여우요! 그 여우를 아기 너구리로 바꾸고 싶어요!"

안젤로는 벌떡 일어나 자기 공책을 가지러 갔다. 그리고 공책과 연필을 내게 건네주며 자신의 사냥꾼 이야기를 고쳐 달라고 했다.

어떤 아이가 까치 이야기를 언급할 때마다, 나는 기쁘고 고마운 마음이 들었다. 아마 아이들도 자신의 이야기에 대해 누군가가 말할 때 이런 기분이겠지?

내 목소리는 이제 아이들에게 이야기를 읽어 줄 만큼 회복되었고, 직접 이야기를 읽어 줄 수 있게 되자 나는 훨씬 충족감을 느꼈다. 내가 이야기를 쓰고 윌슨 선생님이 읽는 것으로는 만족스럽지 않았다. 나는 좀더 직접적인 참여를 원했다. 예를 들어 아이들이 스스로 이야기를 만들고 자기 이야기 속 인물의 역할을 맡아 연극을 하는 것처럼 말이다. 그리고 더 나아가 모든 아이가 연극에 참여하고 자신이 원하는 역할을 맡을 수 있다면 더 훌륭할 것이다.

학교로 가는 길 내내, 레이먼드는 자신의 도움을 받은 아이들이 놀란 표정으로 미소를 보내는 장면을 상상했다.

'조금만 기다려. 내가 얼마나 착해질 수 있는지 보여 줄 거야!'

마침 한 여자아이가 학교 계단에 앉아 인형 드레스의 작은 단추를 채우느라 낑낑대고 있었다. 레이먼드는 "자, 내가 해줄게" 하고 다가갔지만 레이먼드가 여자아이의 인형을 잡아당기자 갑자기 단추가 떨어져 버렸다.

"아, 미안해. 일부러 그런 게 아닌데……."

"넌 어쩜 그렇게 못된 짓만 하니?"

여자아이가 인상을 찡그리며 말하자 레이먼드는 어쩔 줄 몰라하며 교실 안으로 얼른 들어가 버렸다.

교실에서는 한 남자아이가 모형 조각을 늘어놓고 풀로 붙여서 배를 만들고 있었다. 레이먼드는 그 아이가 조각을 잘못 붙이고 있는 것을 발견했다.

"너, 배의 키를 거꾸로 붙이고 있어. 내가 도와줄게."

"그냥 놔둬, 레이먼드. 그거 만지지 마!"

남자아이가 경고했지만 레이먼드는 풀을 집어 들었다.   •

"내가 가르쳐 줄게. 우리 아빠는 언제나……."

"하지 마!"

남자아이는 한 손으로 배를 들어 올리고 다른 손으로는 레이먼드를 밀면서 소리 질렀다. 그러자 배가 산산조각이 나고 말았다.

"너 때문에 이렇게 됐잖아!"

레이먼드는 당황해서 주위를 둘러보더니 울음을 터뜨렸다.

"아무도 내가 착해지는 걸 바라지 않아!"

그리고 흐느끼면서 교실 밖으로 뛰쳐나갔다. 숲에 도착할 때까지 계속 뛰고 또 뛰었다. 숲에 이르자 레이먼드는 "까치야, 까치야. 너 어디 있니?" 하고 소리쳤다.

베아트릭스가 작은 돌로 티들리 윙크스(작은 원반을 튕겨 컵 속에 넣는 놀이) 게임을 하다가 고개를 들어 바라보았다.

"까치는 왜 찾니?"

레이먼드는 수세미처럼 머리가 헝클어진 여자아이가 길가에 앉아 있는 것을 보고 놀랐다.

"까치에게 할 말이 있어. 난 레이먼드라고 해."

베아트릭스는 덤불 아래 돌들을 숨기며 말했다.

"아, 네가 바로 그 말썽쟁이 남자애로구나. 다른 아이들이 너에 대해 하는 얘길 들었어. 나도 못된 편이라 못된 짓에 대해서는 아주 많이 알고 있단다."

"아이들이 다들 나를 보면 화내고 소리를 질러. 내가 일부러 그런 게 아니라 실수한 건데도 말이야."

베아트릭스가 레이먼드의 옷을 당겨 자기 옆에 앉게 했다.

"아, 그런 문제가 있었구나. 내 말 들어 봐. 앞으로는 실수를 하지 말고 일부러 나쁜 짓을 해버려. 어차피 네가 실수였다고 말해도 아무도 믿질 않잖아."

그 순간, 까치가 날아와서 레이먼드 옆의 바위 위에 앉았다. 레이먼드는 까치에게 재빨리 모든 일을 이야기했다. 까치가 고개를 끄덕이며 말했다.

"흠, 그랬구나. 오늘 많은 일을 당했구나. 안타깝네."

"이제 모든 아이가 나를 울보라고 생각할 거야."

까치가 고개를 세게 저었다.

"그런 걱정 하지 마. 애나벨라와 알렉산드라도 일주일에 몇 번씩이나 서로를 울려. 그래도 또다시 친구가 되곤 하지."

"넌 몰라, 까치야. 나는 애초부터 친구가 없는데 어떻게 다시 친구로 지낼 수 있겠니?"

"저는 리사와 친구가 되고 싶은데, 리사가 싫다고 했어요."

내가 이야기 읽던 것을 멈추자 히로코가 말했다. 그러자 리사가 변명했다.

"우리는 정해진 수의 조랑말만 필요했어요."

"리사가 다음에는 저도 같이 놀게 해준다고 약속해 놓고 까먹어 버렸어요."

그 말을 듣고 안젤로가 비난하듯이 말했다.

"애들은 항상 까먹어요. 같이 놀기 싫으니까 그러죠. 우리 아빠는 저를 좋아하지 않는 아이들과는 함께 놀지 말라고 했어요."

"안젤로, 아빠에게 우리의 새로운 규칙에 대해 말씀드려 줄래? 이 규칙을 정말 좋아하실 거야. 아빠도 이 학교가 너희 모두에게 공정한 곳이 되기를 바라실 테니까."

"키다리 소나무 왕국에 있는 학교 선생님도 이 규칙을 만드셨나요?"

리사가 물었다.

"아니."

"왜요?"

"아마 그 선생님은 아직 이 문제에 대해 충분히 생각해 보지 못하셨을 거야. 그런데 선생님은 이 규칙이 베아트릭스가 만든 것과 같은 함정에서 우리를 구해 줄 거라고 생각해. 베아트릭스는 애나벨라만 함정에 빠뜨리고, 알렉산드라는 빠지지 않기를 바랐어. 너희가 누군가를 놀이에 참여시키고 싶지 않다면, 그건 마치 너 자신과 친구만을 함정에 가두는 것과 같단다. 베아트릭스는 애나벨라를 독차지하면 행복할 거라고 생각했지만 실제로는 어땠니? 애나벨라뿐만 아니라 알렉산드라와 카림 왕자를 모두 친구로 만들게 되어 더욱 행복해지지 않았니. 게다가 곧 레이먼드와도 친구가 되었지?"

나는 지금 분명 리사의 질문을 피하고 있다. 왜 키다리 소나무 왕국의 학교 선생님은 규칙을 만들지 않았을까? 그 선생님이 나처럼 규칙을 써 붙여서 반 친구들이 더 이상 레이먼드를 따돌리지 않게 되었다는 이야기를 써야 하지 않을까?

하지만 우리 반 아이들이 이 규칙을 기꺼이 받아들이고 잘 따를 것인지 확신하기 힘든 상황에서, 어떻게 키다리 소나무 왕국의 아이들은 선생님의 규칙에 쉽게 수긍하고 따른다고 쓸 수 있겠는가.

당분간은 아이들이 새로운 규칙의 언저리에서 노는 모습을 가만히 지켜보는 것이 좋을 것 같다. 이 규칙은 상당히 복잡한 측면을 가지고 있다. 이 주제를 결코 우습게 보면 안 될 것이다.

1학년부터 4학년까지의 아이들과 토론을 하면서 나는 두 가지 확실한 답을 얻었다. 규칙이 꼭 필요하다는 점, 그리고 이 규칙은 아이들이 모든 것을 직관적으로 받아들이는 시기에 교육되어야 한다는 점이다. 어느 4학년 여자아이가 말하지 않았던가.

"유치원 아이들은 새로운 규칙을 따를 정도로는 착하다고 생각해요.

아이들은 선생님을 신뢰해요."

만약 그렇게 확신한다면, 왜 나는 키다리 소나무 왕국의 선생님도 이 규칙을 만들도록 하지 않았을까? 대답은 분명하다. 내가 실패할지 모르는 일을 이야기 속의 선생님이 성공하게 만들 수는 없었던 것이다.

"난 너의 친구야, 레이먼드. 베아트릭스 너도 레이먼드의 친구지?"

까치가 말했다. 그러자 베아트릭스가 벌떡 일어나서 레이먼드의 손을 잡았다.

"그럼, 난 너의 친구지. 나랑 역할놀이 할래? 애나벨라와 알렉산드라가 맨날 하는 것처럼 말야."

까치는 베아트릭스의 제안에 흡족해했다.

"레이먼드, 넌 네가 다른 무언가가 되었다고 상상하는 걸 좋아하니?"

소년은 잠깐 동안 대답하지 않았다. 그러더니 말했다.

"내가 항상 상상하는 게 하나 있어. 그건 바로 아빠 용을 찾아 헤매는 길 잃은 아기 용이 되는 거지."

베아트릭스가 박수를 쳤다.

"네 역할놀이 속에 혹시 나쁜 용도 나오니? 나는 나쁜 용 역할을 하고 싶은데."

"물론이지. 그럼 까치 네가 우리 아빠 역할을 해줘. 나는 나쁜 용이 쫓아와서 마법의 힘을 빼앗기 전에 아빠를 찾아야 해."

그때 레이먼드가 고개를 들어 오솔길을 따라 뛰어오는 애나벨라와 알렉산드라를 보았다. 두 아이가 레이먼드에게 물었다.

"여기서 뭘 하고 있니? 네가 갑자기 사라져서 선생님이 찾아보라고 하셨어, 레이먼드."

베아트릭스는 이미 손으로 땅을 짚고 무릎을 구부리고 엎드려 용처럼 으르렁거리고 있었다. 그러면서 자랑스럽게 말했다.

"우리는 레이먼드랑 놀고 있어. 레이먼드는 아빠를 잃은 아기 용이고 까치가 아빠 용이야. 아기 용은 아직 아빠를 찾지 못했어. 그리고 나는 나쁜 용이야."

그러자 애나벨라와 알렉산드라도 함께 놀고 싶어졌다.

"그럼 우리가 아기 용의 형제 역할을 맡으면 안 될까? 누나나 여동생 말이야."

레이먼드는 잠시 애나벨라와 알렉산드라를 자신의 놀이에 참여시켜도 좋을지 망설였다. 하지만 이 아이들도 까치의 친구인 것을 알아차리고는 허락해 주었다.

"응. 좋아. 이렇게 엎드린 다음에 화가 나면 나처럼 이렇게 시끄러운 소리를 내면 돼. 쿠쉬쉬! 콧김으로 불을 내뿜는 것처럼."

잠시 후, 애나벨라와 알렉산드라는 네 발로 기어 다니며 눈에 보이지 않는 적을 향해 으르렁대기 시작했다. 아이들은 모두 레이먼드의 동작을 따라 했다.

아이들과 까치는 놀이에 몰두하느라 카림 왕자가 온 것도 알아채지 못했다. 왕자는 아이들 옆에 바구니를 놓고 털썩 주저앉았다.

"아, 너희가 그 아이를 찾았구나."

왕자가 숨 가쁜 목소리로 말했다.

"오늘 모든 아이가 너에게 못되게 굴었다고 선생님이 말씀하시더구나, 레이먼드. 하지만 지금은 무척 행복해 보이는걸. 내가 차와 과자를 좀 가져왔단다. 이 천을 여기 평평한 돌 위에 깔자. 까치야, 네가 재미있는 이야기 좀 들려주지 않을래?"

레이먼드는 까치가 이야기꾼이라는 것을 알고 놀랐다.

"까치야, 무슨 이야기를 해줄 건데? 진짜 이야기니? 실제로 일어났던 일들이야?"

까치가 깃털을 한껏 부풀리며 레이먼드를 바라보았다.

"정말인지 아닌지는 네 스스로 판단하면 돼. 오늘은 아기 용에 대한 이야기를 들려줄게."

레이먼드는 즐거움을 감출 수가 없었다.

"혹시 방금 한 역할놀이 때문에 그런 생각을 하게 된 거니?"

"응, 맞아. 잠깐 차를 마시면서 이야기의 순서를 맞춰 봐야겠다."

그리고 잠시 후 까치는 이야기를 시작했다.

옛날에 여섯 개의 산봉우리가 있는 산에 아기 용 한 마리가 살고 있었어요. 아빠 용은 아기 용이 용감한 전사가 되기를 원했어요. 그래서 매일매일 아기 용에게 위대한 전투 이야기를 들려주고 불을 뿜는 방법을 가르쳐 주었답니다.

아기 용의 네 번째 생일에 아빠 용이 말했어요.

"아들아, 너도 이제 전쟁에 나갈 나이가 되었다. 우리는 푸른 혹이 달린 용들과 싸워야 한단다. 그놈들이 우리 영토에서 물을 계속 뺏어 가고 있거든. 그놈들이 사는 곳의 강물이 다 말라 버렸기 때문이지."

아기 용이 웃으며 말했어요.

"아빠, 푸른 혹 용들이 물을 마실 수 있게 내버려 두세요. 우리가 마실 물이 모자란 것도 아니잖아요."

아빠 용은 놀랐습니다. 그런 이야기는 한 번도 들어 본 적이 없었으니까요. 아빠 용은 아기 용을 즉시 전투에 내보내야겠다고 생각했지요. 그런데 적과 마주했을 때 아기 용이 불과 연기를 내뿜으려 하질 않는 거예요.

"명령이다, 어서 불을 뿜어라!"

아빠 용이 소리를 질렀어요. 그러자 아기 용도 아빠의 말을 따르려고 숨을 깊이 들이마신 후 온 힘을 다해 세게 내뿜었어요.

하지만 불은 나오지 않고 가느다란 분홍색 연기가 흘러나오더니 그 연기를 따라 아기 용이 하늘로 떠올라 버렸지 뭐예요.

"애야, 내려와. 어서 내려오렴."

아빠 용이 외쳤지만, 먹구름이 산을 덮어서 하늘이 더 이상 보이지 않게 되었어요.

아빠 용은 무릎을 꿇고 주저앉아 아들을 잃어버린 것이 슬퍼 통곡했습니다. 그때 작은 푸른 혹 용 한 마리가 다가오더니 그의 옆에 앉았어요.

"당신의 계곡에서 물을 좀 마셔도 될까요?"

"그래, 마시렴. 내 아들을 잃었는데 영토가 무슨 소용이 있겠니" 하고 아빠 용이 대답했습니다.

그런데 푸른 혹 용이 물을 한 모금 마시는 순간 구름이 걷히는 게 아니겠어요. 그리고 하늘에서 무지개가 아래로 드리워졌지요. 그 무지개를 타고 아기 용이 아빠에게 돌아왔답니다.

'이게 꿈인가?'

아빠 용은 의아하게 생각했지만, 그것이 곧 자신의 태도를 바꾸라는 의미였다는 것을 알게 되었어요.

"어서 와요! 이제 우리 계곡에 와서 물을 마셔도 됩니다."

아빠 용은 놀란 푸른 혹 용들에게 소리쳤어요.

"내 아들이 여러분과 친구가 되기를 바라는군요."

❁ ❁ ❁

이야기가 끝나자, 레이먼드가 일어나서 걸어가기 시작했다.

"너 어디 가니? 용 놀이 다시 안 할래?"

애나벨라가 묻자 레이먼드가 중얼거렸다.

"난 지금 가야 해. 삼촌이 날 기다리고 계셔."

그러더니 재빨리 숲 속으로 사라졌다.

chapter 4

흥미로운
변화가
일어나다

　새로운 규칙이 이토록 원만하고 수월하게 실행되는 것을 보고 윌슨 선생님과 나는 무척 놀랐다. 〈'너랑 안 놀아'라고 말하지 않기〉 규칙은 일주일 만에 자리를 잡았으며, 그 이후 지금까지 아주 사소한 분쟁만 몇 건 있었을 뿐이다. 그 분쟁도 빠른 시간 안에 해결되었다.

　이 규칙은 정말 함정 밖으로 나올 수 있게 도와주는 사다리 같다는 생각이 들었다. 물론 따돌림의 관습은 여전히 남아 있긴 하다. 그러나 그럴 때마다 누군가 "너, 규칙을 잊었니?" 하고 일깨워 주거나 선생님이 규칙에 대해 다시 말해 준다. 망설임이라는 부담을 덜게 되었으니 이 얼마나 기쁜 일인가!

　나는 약 10년 전, 생각 의자(아이가 자신의 행동을 되돌아보거나 감정을 조절하도록 일정 시간 동안 제한된 장소에 앉아 있게 만들어 놓은 의자)를 포기했을 때의 느낌을 기억하고 있다. 윌슨 선생님은 내 목소리 상태가 더 나빠지는 것을 막기 위해, 혹은 끝없이 되풀이되는 논란을 끝내기 위해 〈'너랑 안 놀아'라고 말하지 않기〉 규칙을 시행한 것이 아니냐며 농담을 했다. 하지만 나는 '함정으로부터의 탈출'이라는 비유가 더 적합하다고 생각한다. 규칙을 상기시킬 때마다 아이들은 마치 구원의 손길을 잡듯이 순순히 규칙을 따른다.

무엇으로부터의 구원일까? 어떤 아이를 놀이에 참여시킬지 말지를 결정하는 시험으로부터의 구원이라 할 수 있을 것이다. 이것은 아마도 내가 생각 의자를 없앴을 때 느꼈던 안도감과 비슷할 것이다. 아이들이 잘못했을 때 그 행동이 벌을 주어야 할 것인지 아닌지를 판단해야 하는 부담감으로부터 벗어날 수 있어 안도감을 느꼈던 것이다.

리사는 여전히 표준이 되는 역할을 하고 있다. 어떤 상황에서는 아이들에게 규칙을 상기시켰고, 또 어떤 때에는 예전의 질서를 그리워하며 옹호하기도 했다. 리사는 자신이 통제력의 기반을 잃어버릴까 봐 두려워했고, 일상의 불안정에 대해 다른 아이들보다 더 예민하게 반응했다.

"이제 신시아는 저보다 메리 루이스를 더 좋아해요."

체육관으로 걸어가면서 리사가 투덜거렸다.

"그 아이들이 너랑 같이 놀고 싶지 않대?"

"그렇지는 않아요. 하지만 제가 혼자서 무엇을 하고 있으면 신시아는 메리 루이스랑 놀아요. 그리고 이제는 메리 루이스가 신시아와 조금 더 친한 친구가 된 것 같아요."

"내가 보기에 신시아는 아직도 너의 좋은 친구야, 리사."

"하지만 예전에는 신시아가 메리 루이스를 그렇게 좋아하는지 몰랐어요."

리사가 어깨를 으쓱하며 다시 한 번 말했다.

"전에는 정말 몰랐거든요."

"너는 신시아를 독차지하고 싶은 거로구나."

내가 부드럽게 말했다.

"전 그냥 신시아가 메리 루이스보다 저를 더 좋아했으면 좋겠어요."

"신시아에게 같이 놀자고 얘기해 보았니?"

"신시아랑 메리 루이스가 색칠놀이를 하고 있었는데, 저는 별로 하고 싶지 않았어요. 그런데 클라라가 와서 같이 놀게 해달라고 하더라고요. 그 애들은 처음엔 안 된다고 했어요. 그때 윌슨 선생님이 규칙에 대해 말씀하셨어요."

"그걸 보고 네 기분이 좋았겠구나?"

"약간은요. 하지만 저는 아직도 그 규칙이 없었으면 좋겠어요."

나는 리사의 어깨를 감싸며 말했다.

"리사, 너는 클라라가 어떤 기분일지 잘 모르는 것 같아. 클라라는 요즘 훨씬 행복해졌단다. 이번 주에는 클라라가 자기 사물함에 혼자 들어가 우는 일도 없었지? 그리고 안젤로도 이 규칙이 생겨서 좋다고 그러더구나. 안젤로의 아빠도 좋아하신대."

리사가 눈썹을 치켜올리며 말했다.

"선생님, 제 의견을 말씀드려도 될까요?"

그러더니 리사는 최대한 예의 바른 목소리로 물었다.

"선생님, 규칙을 약간 바꾸면 안 될까요? 많이는 아니고 아주 조금만요. 만약 어떤 아이가 진짜 진짜 진짜 아주 많이 같이 놀고 싶어서 대장이 시키는 역할을 맡는다고 할 때만 놀이에 끼워 주는 것으로요."

리사 역시 '대장'의 존재를 당연한 것으로 여기고 있다. 얼마나 오랜 시간이 지나야 이 대장이라는 개념을 없앨 수 있을까? 스스로 놀이에서 대장 노릇을 한다는 한 4학년 여자아이는 모든 문제가 바로 이 대장이라는 개념에서 시작된다고 말했다. 그 아이는 대장을 없애면 이 규칙이 성공할 거라고 모두에게 말했다.

리사가 앞으로 깡충깡충 뛰어가다, 다시 돌아와서 내 손을 잡았다.

"선생님, 까치는 이 새로운 규칙을 좋아하겠죠? 까치가 키다리 소나무 왕국의 선생님에게 규칙에 대해 이야기했을 거예요. 까치는 착하니까요."

나 역시 이 규칙을 좋아한다. 비록 나는 까치만큼 착하지는 않지만. 어쨌든 비록 한 아이의 슬픔이라도 그 원인을 매번 제거해 나가는 것은, 교실을 조금씩 더 나은 모습으로 만들어 주는 듯했다. 그리고 아이들이 더불어서 다 함께 한 단계 성장하는 계기가 되었다.

아이들이 나와 같은 기분을 느낄 거라고 생각하지 못할 이유가 어디 있겠는가. 55년 전 내가 1학년이었을 때, 만일 그 뚱뚱하고 늘 같은 옷만 입던 아이에게 모두 친절하게 대했다면, 나는 말할 수 없이 안도감을 느꼈을 것이다.

아이들의 따돌림에 대해 생각하면 나는 항상 생각 의자가 떠오른다. 생각 의자는 무리에서 쫓겨난 슬프고 외로운 아이를 만들었다. 그 결과 벌을 준 나는 스스로가 못된 사람인 것 같다고 느꼈다. 뿐만 아니라 주위의 모든 아이가 불안해하고 안절부절못하게 되었다. 이러한 감정은 선생님이든 아이든 상관없이 다양한 방식의 불건전함으로 나타났다.

우리 모두는 결국 같은 인간인 것이다. 생각 의자는 내가 사용하던 벌의 수단이었다. "너랑 안 놀아"라는 말은 아이들이 다른 아이에 대해 갖는 벌의 수단이다. 만약 내가 아이들을 놀이에서 떼어 놓는 것이 잘못된 것이라면, 아이들에게도 같은 논리가 적용될 것이다. 이로써 교실에 존재하던 또 하나의 함정이 사라졌다.

　다음 날 수업이 끝나고 애나벨라와 알렉산드라는 까치를 찾으러 숲길을 따라 뛰어갔다.

　"어디 있니, 까치야?"

　아이들은 까치와 베아트릭스가 종종 만남의 장소로 삼던 평평한 바위에 이르자 멈추어 서서 외쳤다.

　"까치야! 베아트릭스! 여기에 아무도 없니?"

　"뭐가 이렇게 소란스러워?"

　베아트릭스가 나무 뒤에서 나오며 물었다. 애나벨라와 알렉산드라는 베아트릭스를 보자 안심이 되었다.

　"아, 반가워. 베아트릭스 너로구나! 우리는 레이먼드를 찾으러 왔어. 레이먼드가 오늘 학교에 오지 않았거든. 왠지 까치는 레이먼드가 어디 있는지 알고 있을 것 같아서."

"물론 까치는 알지. 하지만 지금 여기서는 까치나 레이먼드 둘 다 찾을 수 없을 거야. 그 애들은 애나벨라 너희 아빠랑 같이 있어. 이리 와, 같이 가자."

세 소녀가 오두막에 도착했을 때, 왕자와 까치는 레이먼드와 깊은 대화를 나누고 있었다.

"그래, 너도 이제 카림 왕자님의 말이 전적으로 옳다고 생각하지? 그건 정말 의문의 여지가 없어."

까치가 레이먼드에게 말하자 왕자가 덧붙였다.

"그래, 애야. 합리적으로 생각해야 해. 엄마를 생각해 봐. 네가 동굴에서 살고 있다는 걸 아시면 얼마나 슬퍼하시겠니?"

"너랑 너희 삼촌은 동굴에서 살고 있어?"

애나벨라가 레이먼드에게 물었다.

"삼촌이랑 산다는 건 거짓말이었어. 여기 오기 전에는 같이 살았지만, 내가 도망쳤거든."

소녀들은 숨이 멎을 만큼 놀랐다.

"도망쳤다고? 왜?"

"삼촌은 내가 아빠를 찾는 것을 원하지 않았거든. 모두 아빠가 전쟁터에서 죽었다고 말했어. 하지만 엄마와 나는 아빠가 꼭 어딘가 살아 계시다는 것을 알고 있었지. 아마 감옥 같은 곳에 포로로 갇혀서 우리에게 오실 수 없는 걸 거야."

왕자가 레이먼드의 어깨를 팔로 감쌌다.

"애나벨라, 나는 레이먼드에게 우리 집에서 같이 살자고 설득하는 중이야. 레이먼드는 엄마가 아프셔서 삼촌이랑 같이 살게 된 거라고 하더구나. 하지만 당연히 엄마는 레이먼드가 혼자 사는 것을 원하지 않으실 거야. 그렇지?"

애나벨라는 무척 기뻐했다.

"너도 우리랑 같이 살면 좋을 거야, 레이먼드. 아빠가 맛있는 음식도 만들어 주실 거고, 새와 나무에 대해 알고 싶은 것이 있으면 무엇이든 이야기해 주실 수 있어."

카림 왕자는 딸에게 고맙다고 하고는 이렇게 덧붙였다.

"뿐만 아니라 네가 우리 집에 와서 산다면 정원 가꾸는 데도 큰 도움이 될 거야, 레이먼드. 돌을 쌓아 벽을 세울까 생각 중인데, 네가 도와준다면 정말 고맙겠구나."

"그렇다면 여기 와서 살라는 제안을 감사히 받아들일게요. 모두 저에게 너무 잘해 주시네요. 그런데 까치야, 네 도움이 필요한 일이 있어. 지금 당장 그 일부터 처리해야만 해."

소년은 점점 더 흥분해서 큰 목소리로 말했다.

"까치야, 네 이야기 속에 나오는 여섯 개의 봉우리가 있는 산으로 데려다 줄 수 있겠니? 나는 꿈에서 그 장소를 두 번이나 본 적이 있거든. 그런데 그곳이 실제로 존재하는 곳이니?"

까치가 놀랐다.

"응. 그런 곳이 있단다. 은빛 바다와 거대한 사막 사이에 있어. 왕자님과 애나벨라와 나는 한 달쯤 전에 그곳을 지나왔어. 여기 키다리 소나무 왕국으로 오는 길에 말야. 너 정말로 그곳에 관한 꿈을 꿨니?"

잠시 정적이 감돌았다. 모두가 레이먼드의 이야기를 들으려고 숨을 죽였기 때문이다.

"꿈속에서 다른 산들과 달리 어둡고 회색 안개에 싸인 산 하나를 봤어. 그리고 그 산 위의 어두운 그늘에 한 사람의 모습이 희미하게 보이는 거야. 그 사람을 보니 우리 아빠가 떠올랐어. 그 사람은 우리 같은 곳에 갇혀 있었는데 그 주변에서 긴 꼬리를 가진 괴물들이 감시하고 있었어."

애나벨라가 벌떡 일어났다.

"용이다! 그렇지, 까치야? 아, 레이먼드, 오렌지꽃 사람들이 우리에게 그 용에 대해 모두 말해 주었어. 그들은 그 용들을 사라진 용이라고 불렀어!"

까치는 날개에 힘이 느껴져 파닥거리며 휘젓기 시작했다. 언제나 새로운 모험이 다가올 때면 그런 느낌이 들곤 했다. 하지만 평정심을 유지하려고 애썼다.

"네 꿈속의 일들이 현실에서도 실제로 일어나는 일인지는 잘 모르겠지만…… 카림 왕자님! 왕자님의 마차를 빌려 주신다면 제가 레이먼드와 함께 여섯 개의 봉우리가 있는 산으로 여정을 떠나야겠어요. 아니, 사실은 일곱 개죠."

카림 왕자는 인상을 쓰면서 턱을 쓰다듬었다. 그러고는 미심쩍은 듯 물었다.

"흠. 네가 마차를 부릴 수 있겠니, 애야?"

레이먼드가 간절한 목소리로 대답했다.

"아, 그럼요. 삼촌이 저에게 말 다루는 법을 가르쳐 주셨어요. 삼촌과 살 때는 제가 항상 마차를 몰았는걸요."

왕자는 아무 말 없이 레이먼드를 쳐다보았다. 그러더니 미소를 지으며 레이먼드의 손을 잡았다.

"좋아, 그러면 그렇게 하렴. 배 시간에 맞추려면 서둘러야겠다. 샌드위치 몇 개 싸줄 테니 그걸 가지고 떠나거라."

이제껏 잠자코 있던 베아트릭스가 말을 꺼냈다.

"나도 갈래. 너희에게 내 마법이 필요할지도 몰라. 너희는 말한 적이 없지만."

애나벨라도 합세했다.

"그래, 까치야. 베아트릭스도 함께 가게 해줘. 그 산이 얼마나 어둡고 무섭게 생겼는지 기억하지? 그리고 만약에 사라진 용들이 정말로 거기에 살고 있으면 어떻게 해? 작은 갈색 나방으로 변하는 마법이나 블루베리 덤불을 만드는 마법이 아주 유용하게 쓰일지도 몰라."

결국 베아트릭스도 함께 가게 되었다. 그런데 일행이 길을 떠나기 전에 레이먼드는 양해를 구하고 자신이 사는 동굴로 뛰어갔다. 고기 통조림과 사과를 가방에 넣어서 재빨리 오두막으로 돌아온 레이먼드는 슬픈 목소리로 모두에게 자신이 배에서 저지른 나쁜 행동을 고백했다.

"내가 음식을 훔쳤어. 배에 숨어들었을 때 나는 먹을 것이 아무것도 없었거든. 그래서 고기 통조림 여섯 개와 약간의 치즈와 빵을 훔쳤어. 치즈와 빵은 다 먹어 버렸지만 통조림은 열어 보지도 않았어. 이걸 볼 때마다 도둑질을 했다는 생각에 무서운 기분이 들었어. 이제 이것들을 돌려줄 거야. 선장님이 내가 먹어 버린 빵과 치즈 대신에 이 사과를 받아 주시면 좋을 텐데……."

모두들 레이먼드를 자랑스럽게 여겼다. 까치가 말했다.

"넌 용감한 아이야. 자신의 잘못을 인정하기는 쉽지 않은 일인데 말야. 우리 여행이 시작부터 아주 좋은걸! 그렇지, 베아트릭스?"

이 꼬마 마녀가 까치의 말에 동의하는지는 알 수 없었다. 베아트릭스는 레이먼드를 향해 미소 지으며 화제를 돌렸다.

"그런데 레이먼드! 우리가 너희 아빠를 만나면 뭐라고 불러 드리면 좋을까?"

레이먼드의 얼굴이 기쁨으로 빛났다. 처음으로 새로운 친구들에게 아빠의 이름을 알려 주게 되었기 때문이다.

"왕실 근위대의 토머스 하사님! 이렇게 부르면 돼."

＊ ＊ ＊

　토론이 시작되자 몇몇 5학년 아이들은 나의 계획이 아마 성공하겠지만 어려움이 있을 것이라고 말했다.

　레이철이라는 여자아이는 이렇게 말했다.

　"익숙해지려면 많은 시간이 필요할 거예요. 하지만 잘될 수도 있어요. 지금 당장은 아이들이 '안 놀아'라는 말을 많이 하겠지만 선생님이 오랫동안 계속해서 규칙을 알려 준다면 '그래, 같이 놀자'라는 말이 머릿속에 깊이 박힐 거예요."

　그러자 다른 여자아이가 항변했다.

　"하지만 가끔 '그래, 같이 놀자'라고 말하기 싫을 때가 있어요. 예를 들어 제가 아빠와 공원에서 공놀이를 하고 있는데, 학교에서 집으로 돌아가던 한 아이가 갑자기 와서 같이 놀게 해달라고 하면 아빠도 아마 안 된다고 하실 거예요. 그건 옳지 않으니까요."

　"그건 너와 아빠만의 개인적인 시간이잖니."

　"맞아요, 선생님. 그리고 때로는 친구들과도 개인적인 시간을 가질 때가 있어요."

　"아무도 그런 경우에 개인적인 권리가 존중되어야 한다는 데에 이의를 달진 않을 거야. 하지만 교실은 과연 개인적인 장소라고 할 수 있을까? 교실에서의 활동은 사적인 것일까, 공적인 것일까?"

　한 남자아이가 대답했다.

"친한 친구라면 언제든지 집으로 초대할 수 있어요. 그러니까 교실은 개인적인 공간이 아니라고 생각해요. 선생님의 규칙은 좋은 규칙인 것 같긴 하지만 아이들이 익숙해지는 데는 몇 년 걸릴 거예요. 그런 점에서 그 규칙은 정말로 유치원부터 시작하는 게 좋을 것 같아요. 저는 유치원 다닐 때 아이들이 저에게 저리 가버리라고 말한 것을 아직까지 기억하고 있어요. 저는 어렸을 때 학교에서 일어났던 많은 일을 기억하는데, 대부분 나쁜 기억들이에요."

그때 옆에 앉아 있던 남자아이가 말했다.

"잠깐만요. 사람이 살면서 한 번도 거부당하지 않을 수는 없잖아요. 그러니까 어쩌면 학교에서 그런 경험을 해보는 게 나을지도 몰라요. 이 규칙이 시행되면 아이들은 차츰 세상에는 따돌림당할 일이 별로 없겠구나 하고 생각할 수도 있잖아요. 실상은 그렇지 않은데."

"그래도 우리 교실이 바깥세상보다는 좀 더 나은 곳이 되어야 하지 않겠니?"

"하지만 조금씩 거부당하는 데 익숙해지면 진짜로 따돌림당했을 때 그렇게 비참한 느낌이 들지 않을 수도 있어요" 하고 아이는 계속 고집스럽게 말했다.

"알았어. 그런데 선생님으로서 나를 괴롭히는 문제는 바로 이런 거란다. 너무나 많은 경우에, 해마다 늘 같은 아이들이 따돌림을 당한다는 것. 따돌림이라는 무거운 짐을 언제나 이 소수의 아이들만 떠안고 있어. 이 아이들은 점점 자신을 이방인처럼 느끼게 되지."

한 여자아이가 말을 꺼냈다.

"선생님, 유치원에서는 그 규칙이 잘 지켜질 거라고 생각해요. 유치원 아이들은 규칙을 대단한 것으로 여기니까요. 제 여동생도 규칙을 좋아해요. 하지만 좀 더 나이가 들면, 규칙 따위는 상관하지 않는 사람들이 많아지죠. 더 못돼지는 것 같아요."

레이철이 고개를 저었다.

"저는 그래도 규칙이 습관이 되면, 나이가 들어도 잘 지켜질 거라고 생각해요. 안전벨트를 매는 것처럼요."

아이들이 모두 웃음을 터뜨렸다.

"진짜예요. 우리 오빠는 지금도 안전벨트를 잘 매지 않으려고 하는데, 오빠가 어릴 때 우리 부모님이 그것을 별로 중요하게 생각하지 않으셔서 그렇대요. 그렇지만 저하고 남동생은 차에 타면 무의식적으로 안전벨트를 매거든요."

다른 여자아이가 말했다.

"저는 레이철 말에 동의해요. 사람들은 착해지도록 길들여질 수도 있고 잘 싸우도록 길들여질 수도 있어요. 어쩌면 양쪽 다 길들여질 수도 있죠. 우리처럼요."

아이들은 편한 자세로 앉아서 어릴 때 겪었던 따돌림에 대한 이야기를 나누기 시작했다. 하지만 아무도 자기가 다른 아이를 따돌린 일에 대해서는 말하지 않았다.

한 남자아이가 기억을 되살려 이야기했다.

"유치원 다닐 때 저도 인형의 집에 들어가서 놀고 싶었는데 여자아이들이 못 들어가게 했어요. 저는 정말로 상처받았어요. 그 애들이 제가 남자아이라서 안 된다고 한 건지 나를 싫어해서 그런 건지 알 수가 없었거든요. '남자아이는 안 돼! 남자아이는 안 돼!' 하고 소리 지르긴 했지만요. 정말 이상했어요."

아이들은 매우 진지해졌다. 인형의 집에 대한 친구의 이야기를 듣고 웃진 않았지만, 분위기가 다소 어색해졌다. 내가 다시 말을 꺼냈다.

"어쨌든 선생님의 계획이 성공할 거라고 말한 학년은 너희가 처음이야. 지금까지 아래 학년부터 위 학년까지 모든 학년의 아이들과 이 문제에 대해 이야기를 나누었는데, 다수의 아이들이 이 규칙이 공정하기는 하지만 제대로 실행되기는 어려울 거라고 말했거든. 아이들의 일반적인 생각은, 우정이 공정성보다 우선이라는 거야. 그리고 이 규칙이 우정을 침해한다고 여기는 것 같아."

키 큰 흑인 소년이 손을 들었다.

"저를 기억하세요? 전에 선생님께서 바쁘셨을 때 선생님 반 아이들을 음악실에 데려다 준 적이 있었어요. 토론이 막 마무리되고 있을 때 제가 교실에 들어갔는데요. 한 아이는 지아이조(G. I. Joe)가 되고 싶어 했고 다른 두 남자아이는 그 아이에게 악당 역할을 하라고 해서 그 아이가 놀고 싶지 않다며 자기 사물함에 들어가 버렸잖아요."

"아, 그래. 그 아이는 아마 안젤로였을 거야. 아니면 넬슨이거나. 그 아이가 백인이었니, 흑인이었니?"

"백인이었어요."

"그럼 넬슨이네. 그 아이는 그때 정말 상처를 많이 받았어. 5학년 교실에서라면 아마도 이런 일이 일어나지 않겠지."

"네, 하지만 만일 선생님이 어떤 아이와 같이 놀라고 강요하시면 그 애가 더 상처받을 수도 있어요."

그러자 누군가가 외쳤다.

"맞아요! 작년에 한번은 어떤 남자아이들이 저를 놀이에 끼워 주지 않았는데 선생님이 오셔서 저도 끼워 주어야 한다고 말씀하셨어요. 왜냐하면 그 아이들이 저 말고 다른 아이를 끼워 주었거든요. 그런데 저는 그때 거기에 서서 저를 놀이에 끼워 주는 문제로 친구들이랑 선생님이 실랑이를 벌이는 것을 보는 게 정말이지 불편했어요."

"네 친구들? 그 애들이 네 친구들이었니?"

"네. 친구들끼리도 그럴 수 있어요. 어쨌든 저는 놀이를 시작했어요. 하지만 곧 싸움을 하게 되었고, 그 친구들은 며칠 동안 저에게 말도 걸지 않았어요."

한 남자아이가 맞장구를 쳤다.

"맞아요. 그런 일이 생길 수 있어요. 친하지도 않은 누군가가 와서 놀이 친구가 될 수 있냐고 물으면 당연히 '안 돼, 난 다른 애랑 놀기로 했어'라고 말하며 그 애를 끼워 주지 않아요. 사실은 그렇지 않더라도요. 그런 다음 자기 친구에게 가서 같이 놀자고 하는 거죠."

"그럼 처음에 같이 놀자고 한 아이는 그걸 알게 되니?"

"아니요……. 하지만 가끔 알게 되는 경우도 있죠. 아니, 대부분 아는데 그냥 모르는 척하죠. 아무도 그 넬슨이란 아이처럼 일을 크게 만들지는 않아요."

깔개 건너편에 앉아 있던 곱슬머리 남자아이가 손을 들었다.

"저, 질문해도 되나요, 선생님? 선생님이 〈'너랑 안 놀아'라고 말하지 않기〉란 규칙을 만드셨나요?"

그 아이의 질문에 나는 놀랐고 한편으로는 웃음이 나왔다.

"음, 아니. 내가 만들어 낸 것은 아니고, 단지 그 말만 생각해 냈지. 이 규칙에 대한 생각은 아주 오래전부터 존재해 왔어. 문명이 생겨난 이래로 존재해 왔다고 볼 수 있지. '너희와 함께 있는 거류민을 너희 중에서 낳은 자같이 여기며 자기같이 사랑하라……'라는 성경 구절에서도 그 증거를 찾을 수 있어."

내가 교실에서 레위기에 나온 구절을 말하자 교실 안은 조용해졌다. 아이들은 나의 반응에 압도당한 것 같았다.

"처음 이 구절을 읽었을 때, 나도 그것이 나를 향한 말이라고 생각하지 못했어. 너희가 지금 바로 이해할 수 있는 말은 아니란다."

토론을 끝내고 떠날 시간이 다가왔지만, 나는 아이들이 여전히 의아해하고 있다는 것을 알아차렸다.

"요즘 들어 선생님이 이해하게 된 것이 있어. 우리는 모두 처음에는 이방인, 낯선 사람으로 학교생활을 시작하지. 그러다가 많은 아이가 곧 학교를 자신의 집처럼 느끼게 되지만 시간이 흘러도 그런 편안한 느낌을 전혀 가질 수 없는 아이들도 있는 거야. 이 아이들은 학교에 소속감을 못 느끼는 거지. 그건 이 아이들이 충분히 환영받지 못했기 때문이라고 생각해."

다음 날 아침, 수업이 시작되기 전에 4학년 여자아이 루시가 나의 교실로 찾아왔다. 루시는 따돌림이 주로 여자아이들 사이에서 문제가 된다고 지적했던 아이다.

"규칙은 잘 시행되고 있나요?"

루시의 질문에 나는 아이들이 이미 규칙에 익숙해지고 있는 것 같다고 말했다. 그러자 루시는 고개를 끄덕이며 미소를 지었다.

"그럴 줄 알았어요. 유치원에 다니고 있다면 저도 그 규칙을 굉장히 좋아했을 거예요. 사실은 지금 당장이라도 그 규칙을 실천할 수 있어요. 그런데 그 규칙은 어디에서 나온 거예요?"

"5학년 남자아이가 너랑 똑같은 질문을 하더구나, 루시. 그 규칙은 성경책에서 따온 거야. '거류민이 너희의 땅에 거류하여 함께 있거든 너희는 그를 학대하지 말고 너희와 함께 있는 거류민을 너희 중에서 낳은 자같이 여기며 자기같이 사랑하라'는 구절이지."

루시의 얼굴이 밝아지며 깡충 뛰었다.

"아, 저도 그 구절 알아요! 제 기도책에 나온 적이 있어요! 그다음 구절이 '너희도 애굽 땅에서 거류민이 되었었느니라'잖아요."

루시는 갑자기 주저앉아, 얼굴을 붉히며 나를 쳐다보았다. 마치 이제야 모든 의문이 풀렸다는 표정이었다.

선장은 레이먼드가 고기 통조림을 돌려준 것에 대해 친절한 목소리로 고맙다고 말하고, 다른 훔친 음식에 대한 대가로 가져온 사과 자루를 받았다. 그러고는 엄한 목소리로 "하지만 다시는 밀항을 하지 않겠다고 약속하렴. 그건 바다의 법을 어기는 거야" 하고 말했다.

레이먼드가 선장에게 자신과 친구들이 어디를 가는지 말하자, 선장은 걱정스러운 듯 쳐다보았다.

"조심해라, 애야. 아빠를 찾는 것도 좋지만, 그곳은 정말 위험한 곳이란다."

레이먼드는 잠시 생각에 잠겼다.

"그럼 어서 서둘러야겠네요."

소년이 대답하면서 까치와 베아트릭스를 찾아 두리번거렸다. 그들은 배의 난간에서 일등항해사와 함께 있었는데 일등항해사 역시 이들이 가려는 곳이 위험하다는 이야기를 들려주고 있었다.

"그 산은 가시덤불로 덮여 있고 흔들리는 바위가 많아서 곧잘 굴러 떨어진단다. 내일 아침까지 기다렸다가 올라가는 것이 좋을 거야."

하지만 레이먼드는 조금도 지체하고 싶지 않았다. 배에서 마차를 내리자마자, 지체 없이 전속력으로 말을 몰았다. 어두워지기 전에 산에 꼭 도착하려고 마음먹은 것이다. 하지만 아무리 빨리 달려도 해가 지는 속도를 따라잡을 수는 없었다. 어두컴컴한 산의 모습이 나타날 때쯤에는 달빛만이 길을 밝혀 주었다.

레이먼드가 말을 묶으면서 말했다.

"지금 당장 올라가고 싶어! 내일 아침까지 기다리면, 발각될 가능성이 더 커질 거야."

까치와 베아트릭스는 레이먼드가 너무 흥분해서 더 이상 기다릴 수 없다는 것을 알 수 있었다. 레이먼드는 창백한 얼굴빛이 달빛에 반사되지 않도록 모자를 깊숙이 눌러썼고, 베아트릭스는 나방으로 변신했다. 그리고 세 친구는 숨겨진 산을 둘러싸고 있는 안개 속으로 들어갔다.

산을 올라가는 것은 일등항해사가 말했던 것보다 더 힘들었다. 레이먼드는 몇 발자국 오를 때마다 젖은 바위에 발이 미끄러졌다. 한 걸음 앞으로 나가면 두 걸음 뒤로 물러나는 꼴이었다. 미끄러질 때마다 뭔가 단단한 것을 잡으려고 했지만 손이 뾰족한 가시에 찔려 찢어졌다. 그래도 레이먼드는 계속해서 높이 더 높이 올라갔다. 갑자기 레이먼드가 큰 소리로 외쳤다.

"저기를 봐, 까치야! 저 어두운 형태 보여? 사람 같지 않니?"

까치는 좁은 절벽 위에 내려앉았고 베아트릭스는 원래 모습으로 변신해서, 레이먼드가 위로 올라갈 수 있도록 손을 잡아끌어 주었다. 한번은 손을 놓칠 뻔했지만, 베아트릭스가 두 손으로 단단히 잡고서 온 힘을 다해 끌어당겼다.

"제가 가고 있어요, 아빠. 조금만 기다리세요!"

레이먼드는 숨죽여 흐느꼈다. 그러다 드디어 발이 땅에 닿았고 달리기 시작했다. 그러나 그 어두운 물체에 도달하자마자 그만 울음을 터뜨렸다.

"아, 이건 그냥 돌무더기였어. 사람이 아니라 돌과 덤불뿐이야."

소년은 모자를 집어던지고 실망감에 잠겼다.

"나는 아빠가 여기에 있을 거라고 확신했어. 여기 안 계시다면 왜 아빠는 내 꿈속에 그렇게 나타났을까?"

친구들도 슬픔에 빠져 오랜 시간 동안 레이먼드 곁에 조용히 앉아 있었다. 한참 후 까치가 부드럽게 말했다.

"나도 부모님을 잃어버렸어, 레이먼드. 내가 아직 알 속에 있을 때였지. 하지만 베아트릭스가 나를 발견하고 친구가 되어 줬어. 그런데 생각해 보렴. 잃어버린 것은 반드시 찾게 된단다. 그리고 언제 어디서 찾을지 전혀 알 수 없기 때문에, 정신을 똑바로 차려야 해."

베아트릭스는 계속 가보자고 재촉했다. 그리고 다시 나방으로 변신해서 절벽 반대편을 살펴보러 날아갔다. 갑자기 베아트릭스의 작은 속삭임이 짙은 안개 속에서 들려왔다.

"쉿! 어서 여기로 와! 어서!"

베아트릭스는 너무 무서워 숨 쉬기도 힘들어하는 것 같았다.

레이먼드는 옷이 가시에 찢기는 것도 신경 쓰지 않고 황급히 움직였다. 레이먼드는 절벽 주변으로 달려가다가 까치를 보고 멈춰 섰다. 이들은 모두 얼어붙은 듯 서서 눈앞에 펼쳐진 놀라운 광경을 바라보았다. 그곳에는 한 떼의 용이 누워서 자고 있었다. 그들은 커다란 원을 이루어서

다닥다닥 붙어 있어 마치 거대한 괴물이 또아리를 튼 것처럼 보였다. 용들이 뒤척이는 소리, 코 고는 소리, 낮게 으르렁거리는 소리가 진동했고, 바닥에 지펴 놓은 작은 모닥불이 이 광경을 비추고 있었다.

이 무서운 용들 중앙에는 새장이 있었고, 그 안에는 붉은 머리의 한 남자가 몸을 낮게 구부리고 앉아 머리를 무릎에 파묻고 있었다.

"아빠!"

레이먼드가 자기도 모르게 외쳤고, 소년의 목소리는 그만 잠자고 있던 용들을 깨우고 말았다.

　　　　　　　　❀ ❀ ❀

　내가 이야기책을 덮었지만 아이들은 기대에 차서 몸을 앞으로 기울인 채 나를 바라보았다. 이번 이야기가 손에 땀을 쥐도록 너무 긴장감이 넘쳤나? 아무래도 다음 장을 읽을 때는 아이들이 긴장을 가라앉힐 수 있게 좀 더 천천히, 쉬어 가며 읽어 줘야겠다. 내가 계속해서 책을 읽으려는 순간 넬슨이 불만스러운 목소리로 말했다.

　"레이먼드가 불쌍해요."

　"용들 때문에?"

　"그거 말고요. 키다리 소나무 왕국 학교의 아이들은 전혀 착하지 않았어요."

　넬슨은 아직도 레이먼드가 학교에서 겪은 불행한 사건에 대해 생각하고 있었다. 다른 아이들도 넬슨의 걱정에 반응을 보였다.

　"맞아, 공정하지 않아. 공정하지 않아."

　레이먼드가 학교에서 겪은 문제를 해결하기도 전에 훌쩍 다른 곳으로 보내 버린 꼴이 되었다. 그 아름다운 숲 속의 작은 학교는, 레이먼드가 염려하는 한 전혀 좋은 곳이 아닌 것이다.

　아이들은 단번에 내 이야기에 뭔가 빠져 있다고 알아차린 것이 틀림없다. 어떻게 선생님이 아이가 울면서 뛰쳐나가게 그냥 놔뒀을까? "키다리 소나무 왕국의 선생님도 이런 규칙을 시행하셨어요?" 하고 리사가 걱정스럽게 물은 적이 있지만, 나는 "아마 그 선생님은 아직 이 문제에 대해 충분히 생각해 보지 못하셨을 거야" 하고 얼버무렸었다.

사실 준비가 충분히 안 된 쪽은 바로 나였다. 우리 교실에서 이 규칙이 성공할 수 없다면 키다리 소나무 왕국에서 어떻게 성공할 수 있을까? 그것은 내게 너무 풀기 어려운 문제였다.

하지만 아이들은 레이먼드가 아빠를 구하러 떠나기 전에 이 소년을 보호할 규칙이 시행되었어야 한다고 생각했다. 더 나아가, 나는 이것을 다음과 같은 의미로 받아들였다. 아이들은 사실 레이먼드뿐만 아니라 자신도 그와 똑같은 규칙으로 보호받기를 원한다는 것이다.

"네 말이 맞아, 넬슨. 레이먼드는 어쩌면 아빠를 찾으러 가지 못할 정도로 슬펐을 수도 있어. 키다리 소나무 왕국의 선생님도 뭔가 조치를 취하셔야 하겠구나. 점심시간 후에 선생님이 이야기를 어떻게 바꿀지 생각해 볼게."

점심 먹는 동안 나는 대화에 많이 참여하지 않았는데, 그래도 아이들은 이해했을 것이다. 아이들은 요구르트 뚜껑이 열리지 않는다든지 하는 모든 문젯거리를 윌슨 선생님에게 가져갔다. 점심시간 후에 나는 다시 만든 이야기를 아이들에게 들려주기 시작했다.

"자, 카림 왕자가 레이먼드에게 같이 살자고 초대하는 시점으로 다시 돌아가자. 레이먼드가 아빠에 대한 꿈을 꾸고 까치에게 자기를 숨겨진 일곱 번째 산으로 데리고 가달라고 부탁하기 전의 이야기야."

레이먼드는 외로운 동굴에서 초가지붕 오두막으로 이사 갔다. 새로운 가족들이 잘해 주었기 때문에 레이먼드는 행복했다.

그러나 학교에서는 여전히 애나벨라와 알렉산드라를 제외하고는 친구가 없었다. 다른 아이들은 이미 친한 친구들이 있었기 때문에 굳이 레이먼드와 친해지려고 노력하는 것을 귀찮아했다. 레이먼드가 같이 놀자고 할 때마다 다음에 같이 놀아 주겠다고 말했지만 그 약속을 지킨 아이는 한 명도 없었다.

어느 날 아이들이 발야구 놀이를 하고 있었다. 레이먼드는 발야구를 해본 적이 없었다. 도망 다니며 혼자 사는 아이는 무엇이든 배우는 것이 쉽지 않다. 레이먼드는 아이들에게 자기도 놀이에 끼워 줄 수 있냐고 물었다.

"물론이지, 같이 하자" 하고 애나벨라가 말했다. 하지만 피터가 반대했다.

"아니, 그 아이는 같이 못 해. 내가 이 게임을 시작했어. 우린 이미 놀이할 인원이 꽉 찼기 때문에 레이먼드는 할 수 없어."

"그럼 우리도 안 할래!"

애나벨라와 알렉산드라가 대들듯이 소리쳤다.

"알았어, 알았어. 그럼 레이먼드도 껴워 주자."

피터는 억지로 찬성했다. 하지만 몇 분 후, 레이먼드가 공을 잘 잡아내지 못하는 것을 보고 마음을 바꿨다.

"아, 난 상관없어" 하고 레이먼드가 애나벨라와 알렉산드라에게 말했다. 아이들의 놀이를 망치고 싶지 않았기 때문이다. 레이먼드는 야채밭으로 가서 선생님 곁에 앉아 잡초를 뽑기 시작했다.

"레이먼드, 지금 일어난 일을 선생님도 다 보았단다. 그건 네 잘못이 아니야. 집에 가기 전에 모두 모여 이야기를 해봐야겠구나."

선생님은 점심 식사 후에 반 아이들을 모두 불러 이야기를 들려주었다.

옛날에 엄마 캥거루와 아기 캥거루가 우리 숲으로 이사를 왔단다. 그들은 소나무 열매도 맛있고 어른들도 친절하다는 것을 알게 되어 기뻤어. 그런데 아이들은 아기 캥거루에게 같이 놀자고 말하지 않았어. 전에 한 번도 캥거루를 본 적이 없어서 아기 캥거루가 뒷다리로 깡충깡충 뛰는 모습을 이상하게 여기며 좋아하지 않았거든.

"우리는 달리기도 하고, 나무에 오르기도 하고, 살금살금 걷기도 하고, 날기도 하고, 평범하게 네 발로 뛰기도 해. 하지만 너처럼 뒷다리로 뛰지는 않아."

심지어 다른 곰들에게 따돌림을 당해서 운 적이 있는 아기 곰조차 자신이 외톨이였을 때 기분이 어땠는지를 잊어버리고 아기 캥거루를 따돌렸단다.

"우리 이 숲을 떠나면 안 돼요? 엄마, 제발. 아무도 나하고 놀아주지 않아요."

아기 캥거루가 울면서 말했어.

"엄마가 너랑 놀아 줄게. 깡충 뜀뛰기 놀이를 해볼까?"

엄마가 다정하게 말했어.

"싫어요, 엄마. 저는 친구들과 놀고 싶어요."

다음 날 아기 캥거루는 있는 힘을 다해 가장 높이 깡충 뛰어올라 보기도 하고, 이리저리 빠르게 뛰어다니기도 하고, 멋지게 공중 제비도 했어. 하지만 다른 아기 동물들은 등을 돌린 채 자기네들 끼리만 놀았지. 아기 캥거루는 너무 슬퍼 소나무 밑에 앉아서 울었단다.

그러자 한 마리, 한 마리 다른 동물들이 다가왔어. "왜 우니?" 하고 아기 곰이 물었어. 아기 다람쥐도 궁금해하며 "너 다쳤니?" 하고 물었지. 동물들은 모두 아기 캥거루 주위에 몰려들었어. 전에는 한 번도 이렇게 가까이 온 적이 없었단다.

다른 동물들은 아기 캥거루가 우는 걸 보고 자기들도 슬퍼서 울었던 기억을 떠올렸어. 아기 캥거루가 눈물을 닦으면서 말했어.

"나는 같이 놀 친구가 한 명도 없어."

"그러면 이리 와. 지금부터 우리랑 같이 놀자. 우린 보물찾기 놀이를 하고 있는데 너는 보물을 찾는 쪽을 할래, 아니면 숨기는 쪽을 할래?"

이제 아기 캥거루는 행복해졌어. 그리고 나중에 엄마에게 이 이야기를 들려주었단다. 엄마 캥거루는 왜 다른 동물들이 아기 캥거루가 울음을 터뜨린 후에야 같이 놀자고 했는지 안타까워했어.

선생님이 이야기를 마치고 물었다.

"너희 중에도 아기 캥거루처럼 외로운 아이가 있을까? 우리 교실에도 그런 아이가 있니?"

애나벨라와 알렉산드라가 레이먼드를 쳐다보았다. 하지만 피터가 말했다.

"우린 모두 친하게 지내요. 아무도 외롭지 않아요."

레이먼드는 더 이상 참을 수가 없었다.

"나! 내가 바로 아기 캥거루 같아. 너나 다른 애들은 한 번도 나에게 같이 놀자고 한 적이 없잖아!"

피터가 놀라서 반문했다.

"하지만 너는 애나벨라와 알렉산드라랑 같이 놀잖아."

알렉산드라가 대답했다.

"그래, 레이먼드는 우리 친구야. 하지만 레이먼드는 더 많은 친구가 필요해. 너희는 항상 레이먼드를 따돌렸잖아."

피터가 항의했다.

"너는 어땠는데? 애나벨라가 이사 온 후에 너는 애나벨라하고만 놀았잖아. 그리고 레이먼드도 마찬가지야. 어제 너희가 용 역할놀이를 할 때 나도 하고 싶다고 했더니 너희가 이미 필요한 용이 다 차서 안 된다고 했잖아."

선생님이 미소를 지으며 말했다.

"자, 봐라. 친구들이 같이 놀아 주지 않으면 모두 슬퍼지지? 그걸 기억하기 위해서 새로운 규칙을 하나 만들어야겠다."

"규칙은 필요 없어요. 캥거루 이야기를 기억하면 되니까요." 하고 피터가 재빨리 말했다. 하지만 선생님은 고개를 저으며 아이들에게 말했다.

"이야기로는 충분하지 않아."

그러고는 칠판에 커다란 글씨로 이렇게 썼다.

'너랑 안 놀아'라고 말하지 않기!

나는 아이들이 비로소 홀가분하게 휴식 시간에 들어간 것을 보고 이야기의 전개에 기뻐하고 있음을 알 수 있었다. 현실과 허구 속의 교실 사이에 이제야 비로소 만족할 만한 균형이 이루어진 것이다.

키다리 소나무 왕국의 선생님이 옳았다. 이야기를 들려주는 것만으로는 충분하지 않고, 대화를 하는 것만으로도 역시 충분하지 않다. 어른들은 아직 아이가 어릴 때, 어른들의 말에 귀를 잘 기울이는 시기, 인생의 초기인 그 시기에, 살아가기 위해 지켜야 할 규칙이 무엇인지 분명하게 말해 주어야 한다.

그렇게 해야 아이들이 경청하며 이러한 규칙을 신화와 도덕적 통념과 동일한 메시지로 받아들일 수 있다.

나는 아이들에게 지난 이야기를 상기시키며 말했다.

"내일은 용들이 사는 산 속의 이야기로 돌아갈 거야. 선생님이 어디까지 이야기했는지 기억하니?"

"용들이 깨어난 부분이요!"

모두가 한목소리로 외쳤다.

"그래, 그리고 레이먼드는 무서워하지 않았지."

내가 덧붙여 말했다. 그때 안젤로가 슬며시 내 곁으로 다가와 앉으며 물었다.

"선생님, 그럼 이제 그 아이들은 모두 레이먼드의 친구가 된 건가요?"

그러나 내 대답을 채 듣기도 전에 맨 앞줄로 달려가서 찰리의 옆에 나란히 섰다.

　잠이 덜 깬 용들은 서로 몸을 부딪히고 발을 밟으며 소란을 피웠다. 고개를 앞뒤로 움직이며 빨간 머리 소년과 우리 안에 갇힌 남자를 번갈아 바라보았다. 불 같은 붉은 머리 종족의 사람이 또 하나 나타나다니 도대체 어떻게 된 일인지 궁금해하는 것 같았다. 까치가 어둠 속에서 레이먼드에게 속삭였다.

　"겁내지 마. 용들이 아직 나와 베아트릭스는 보지 못한 것 같아. 우리가 뭔가 방법을 생각해 볼게."

　하지만 레이먼드는 두려워하지 않았다. 레이먼드는 용의 무리들을 뚫고 나가려고 팔로 밀어냈다. 그때 아빠의 목소리가 들려 잠시 멈췄다.

　"이 아이는 태양의 나라에서 온 내 아들 레이먼드다. 이 아이가 너희를 해칠 것처럼 위험해 보이나? 물론 그럴 리 없다! 자, 친구들이여 이제

나와 이 아이를 따르라. 그러면 안개를 뚫고 따뜻한 햇볕과 좋은 음식이 있는 세상으로 너희를 인도하겠다."

용들은 '안개를 뚫고'라는 말을 들으며 신음소리를 냈다. 그들은 두려움에 떨면서 "안개의 영혼이여, 불의 영혼이여, 우리를 죽음의 구덩이에서 구해 주소서!"라고 주문을 외우기 시작했다.

그리고 용 한 마리가 레이먼드를 조심스럽게 들어서 아빠가 있는 우리에 내려놓으며 말했다.

"불의 나라 하사님, 우리는 당신의 아들을 환영합니다."

다른 용 한 마리가 나뭇가지 더미에 불을 내뿜자 곧 거대한 불길이 일어났다. 용들은 장작불 주위에 모여들었고, 몸을 쭉 펴서 불을 쬐었다. 거대한 몸을 따뜻하게 데우면서 행복에 겨워 으르렁거렸다.

레이먼드의 아빠는 아들을 부드럽게 안아 주었다. 그리고 슬픈 목소리로 물었다.

"아, 아들아. 대체 왜 여기에 온 거니? 어떻게 나를 찾았니? 엄마는 어쩌고 혼자 이곳에 온 거야?"

레이먼드는 아빠한테 더 바짝 매달리며 아빠가 뭐라고 묻든 그저 이 말만 반복했다.

"엄마와 나는 아빠가 분명 살아 있을 줄 알았어요. 우리는 알고 있었다고요!"

"그래, 아들아. 하지만 지금은 우리 둘 다 용에게 잡혀 있는 신세구나. 너를 만나는 것이 이렇게 슬플 줄 몰랐다."

아빠의 얼굴이 눈물로 젖었다.

레이먼드는 조심스럽게 주위를 살펴본 후에 속삭였다.

"아빠, 전 혼자 온 게 아니에요. 제 친구 두 명이 어둠 속에 숨어 있어요. 하나는 까치고 또 하나는 베아트릭스라는 마녀인데, 둘 다 아주 영리해요. 제 친구들이 우리가 도망갈 방법을 반드시 찾아낼 거예요!"

레이먼드는 아빠의 손을 잡고 아빠의 눈을 지그시 들여다보았다.

"아빠, 사실대로 말씀해 주세요. 용들이 우리를 죽이려고 하나요?"

아빠가 웃으며 말했다.

"우리를 죽인다고? 세상에, 절대 아니란다. 보호해 주는 거지. 용들은 나의 붉은 머리를 보고는 내가 자신들을 보호할 불의 영혼이라고 생각했어. 나는 사라진 보물을 찾기 위해 여기에 왔는데 보물 대신에 이 용들을 만났단다. 이들은 두려움에 사로잡혀 나를 보내 주려 하질 않는구나. 이 용들은 한 번도 태양을 본 적이 없거든. 안개와 불만이 이 산 반대편의 알 수 없는 위협으로부터 자기들을 보호할 거라고 믿고 있지."

두 마리의 용이 커다란 버섯과 황금색 소스를 얹은 팬케이크를 쟁반에 담아 우리 쪽으로 다가왔다.

"불의 하사님, 여기 당신이 좋아하는 음식들을 준비했습니다. 차도 좀 드릴까요?"

레이먼드의 아빠는 용들에게 고맙다고 말하고 수프 두 그릇을 갖다 달라고 부탁했다. 용들은 즉시 수프를 가져왔다.

"이것들은 모두 다른 종류의 버섯들로 만들어진 거란다. 이 용들은 아주 훌륭한 요리사야. 그들은 버섯 요리를 수백 종류나 알고 있어. 하지만 불행히도 오직 버섯으로만 요리를 한단다. 너도 보면 알겠지만 이런 어둠 속에서는 다른 식물들은 자라지 않거든. 만약 바깥세상에서 맛있는 음식을 가져올 수만 있다면, 안개에 맞설 만큼 호기심을 갖게 되어 용들이 저 너머로 나갈 생각을 할지도 모르는데."

"블루베리는 어때요?"

아주 작은 소리가 우리 안쪽에서 들려왔다. 토머스 하사는 놀라서 벌떡 일어나 다급하게 물었다.

"누구지? 거기서 말한 사람?"

레이먼드는 아빠의 입술에 손가락을 얹으며 조용히 하라는 신호를 보냈다.

"쉿, 베아트릭스예요. 지금 아빠 옷 위에 있어요. 거기 갈색 나방 보이시죠?"

레이먼드가 어리둥절해하는 아빠를 보고 미소 지었다.

"베아트릭스, 우리 아빠에게 인사해."

나방은 꼼짝하지 않고 가만히 있었다. 용들이 곤충을 먹는지 안 먹는지 알 수 없었기 때문이다.

"만나서 반가워요. 왕실 근위대의 토머스 하사님."

베아트릭스가 작은 소리로 속삭인 후 덧붙였다.

"하사님, 제가 블루베리 덤불을 만들면 용들이 어떻게 할 거라고 생각하세요?"

토머스 하사는 그의 어깨 위에 있는 나방을 들여다보았다.

"네가 그럴 수 있니, 베아트릭스? 진짜 블루베리 덤불을 만들 수 있다고? 아, 미안. 나방으로 변신할 수 있는 마녀라면 당연히 블루베리 덤불도 만들 수 있겠지. 문제는 용들이 블루베리 맛을 보면 어떻게 될 것이냐 하는 거지."

레이먼드는 계속해서 버섯을 먹으면서 나방과 마법과 까치에 대해 생각했다. 그러고는 갑자기 소리쳤다.

"까치야, 까치야, 여기 불의 하사님께 오렴! 여긴 지금 블루베리 비상사태야. 불의 왕국의 충성스러운 새, 까치야! 빨리 이리 날아오렴. 네 이야기가 필요해!"

고학년 아이들은 이제 가끔 나에게 들러 규칙에 대한 새로운 토론거리를 일깨워 주곤 한다. 도서관에서 만난 한 5학년 여자아이는 이런 이야기를 해주었다.

"우리 반의 어떤 애가 선생님의 새로운 규칙을 어긴다면, 아마 복도로 쫓겨나겠죠. 하지만 아이는 복도에 나가 장난치고 빈둥거리며 아무 신경도 안 쓸 거예요. 아무도 그런 벌을 무서워하지 않거든요."

나는 아이의 생각에 놀라 말했다.

"이런 종류의 규칙을 어긴다고 해서 벌을 받지는 않아. 만약 너희가 규칙을 따르지 않으면, 그럼…… 뭐, 단지 규칙에 대해 좀 더 생각하도록 이야기를 해주겠지. 이 규칙은 아이들을 벌 주려고 만든 규칙이 아니라 보호하려고 만든 거란다."

나는 그 여자아이에게 고마웠다. 그 아이의 지적은 내가 우리 반 아이들에게 설명해 주어야 할 것들을 일깨워 주었다. 〈'너랑 안 놀아'라고 말하지 않기〉는 폭력이나 기물 파손 금지 등의 규칙과는 다르다. 이런 문제들은 의논의 여지가 없다. '금지'라는 말 자체로 충분하다.

그러나 우리의 새로운 규칙은 다르다. 이 규칙은 우리의 행동을 돌아볼 수 있는 좋은 기회를 제공한다. 그냥 간단히 "못되게 행동하지 마!"라고 말하는 것은 어떤가? 물론, 사람들은 자주 이런 말을 한다. 하지만 우리의 새로운 규칙은 놀이라는 상상 속의 이미지를 빌려 아주 광범위한 못된 행동의 사례를 살펴보게 한다. 놀이는 아이들이 가장 관심을 갖는 주제이므로, 놀이를 하면서 하는 말과 행동, 특히 부정적인 것들은 최대한의 효과를 불러일으킬 수 있다.

"신시아가 저에게 못되게 굴어요."

리사가 도서관에서 돌아올 때 내게 말했다. 이 아이가 선생님들에게 하는 말의 절반 이상은 이런 식으로 시작하는 것 같다. 월슨 선생님과 나는 각각의 사건을 자세히 파헤쳐 본다. 왜냐하면 리사 자신도 종종 다른 아이들에게 상처를 주기 때문이다. 그리고 그것에 대해 말하고 설명하는 것이 리사에게는 너무나 중요한 일이기 때문이다.

"신시아에게 제 파니 주머니(허리에 차는 지퍼 달린 작은 주머니)를 보여 줬는데, 그 아이가 '어쩌라고? 난 그런 거 천 개나 갖고 있어!'라고 말하잖아요."

"그래? 신시아가 정말 쌀쌀맞게 대답했구나."

"선생님, 이건 규칙을 어긴 것과 같지 않아요?"

리사가 궁금해했다. 좋은 질문이다. 그렇게 무심코 내뱉는 일상적 비난도 '난 너랑 놀고 싶지 않아!'라는 의미로 해석해야 하는 것일까? 우리는 이제 각각의 특정 사건에 대응할 만한 일반적인 기준을 가지고 있다.

우리는 신시아와 메리 루이스를 우리 책상으로 불렀다. 리사는 자기가 당한 불행한 일을 아이들 앞에서 설명했다.

"난 정말 기분이 나빴어. 그리고 신시아, 너는 항상 메리 루이스에게 나랑 같이 놀지 말라고 말하잖아!"

신시아는 참을성 있게 설명하려고 노력했다.

"저는 어떤 때는 리사와 같이 놀고 싶고, 어떤 때는 메리 루이스와 놀고 싶어요. 클라라와 놀고 싶은 때도 있지요. 그래서 저는 그때 리사에게 '너랑은 내일 놀 거야'라고 말했던 거예요."

신시아는 친구들에게 같이 놀 기회를 똑같이 나누어 주고 있으므로, 자신의 논리에 잘못이 없다고 확신했다.

"그건 규칙이랑 맞지 않는 것 같구나."

나는 교실에 붙여 놓은 규칙을 가리키며 말했다.

"하지만 저는 저랑 놀고 싶어 하는 아이들 모두와 같이 놀아요. 단지 서로 다른 날에 놀 뿐이죠."

신시아가 자신의 입장에 대한 논리를 펴는 동안 아이들이 주변으로 모여들었다. 아이들은 새로운 규칙을 분석해 보는 것을 좋아했다. 나는 아이들에게 물었다.

"신시아의 생각이 어때? 여러 아이들과 따로따로 각각 다른 날 노는 것과 모든 아이와 한꺼번에 같은 날 노는 것이 과연 같은 걸까?"

아이들이 이 질문에 대해 고민하는 동안, 리사가 항변했다.

"하지만 오늘은 저랑 놀 차례였어요!"

그러고는 잠시 멈추고 생각하더니 덧붙였다.

"어찌 되었든, 그건 규칙을 어긴 거예요."

그 말을 듣자 대부분의 아이가 고개를 끄덕였다.

"신시아, 네 계획은 정말 복잡하구나. 새로운 규칙보다 더 복잡한 것 같아. 선생님이 보기에 네 생각대로라면 너랑 같이 놀고 있는 아이들이 너랑 노는 동안에는 다른 아이들과는 놀 수 없게 되잖아."

신시아는 나의 논리에 완전히 수긍하는 것 같지는 않았지만 자신의 잘못을 시인했다.

"리사, 네 파니 주머니에 대해 그렇게 말한 건 내 실수였어. 우리 할머니가 얼마 전에 또 하나 주셔서 내가 갖고 있는 파니 주머니가 너무 많아 몇 개나 있는지 잘 몰라서 그런 거야."

리사는 만족했고, 나도 안도했다. 매번 규칙의 논리성에 대해 분석할 때마다 우리의 행동에 대한 논리성도 함께 생각하게 된다.

그런데 그날 이후에 신시아와 리사의 역할이 바뀌었다. 이번에는 리사가 자기에게 못되게 군다며 신시아가 불평을 했다. 리사가 메리 루이스와 셰일라에게는 비밀을 말하면서 자기에게만 말하지 않는다는 것이었다. 이것은 규칙을 어긴 행동일까? 나는 신시아의 생각이 옳다고 말해 주었다. 다른 아이들에게 말해 주는 비밀을 누군가에게만 말해 주지 않는다면 그것은 놀이에 끼워 주지 않는 것과 비슷한 것 같다는 생각이 들었다.

우리는 이 문제에 대해 다른 아이들과 이야기해 보자고 했다. 하지만 그 전에, 나는 신시아와 확인해 볼 문제가 하나 있었다.

"히로코가 화장실에서 돌아오면서 굉장히 화를 내며 얘기하더구나. 너랑 리사가 히로코를 비웃으면서 '히로코에게서 냄새가 나는 것 같지 않니?'라고 말했다면서?"

"우리는 히로코가 화장실에 있는지 몰랐어요."

잠시 침묵이 돌았다.

"그 말은 리사가 한 거예요. 전 그냥 웃기만 했어요."

그때부터 리사와 히로코가 우리 대화에 합류했고 그 사건에 대해 다시 이야기하기 시작했다.

"너희 둘 다 히로코의 마음에 상처를 줬어. 그건 누군가에게 '우리는 너를 좋아하지 않아, 너 같은 애랑은 놀기 싫어'라고 말하는 것과 같은 거야. 또는 '파니 주머니 있는데 어쩌라고? 난 천 개나 갖고 있어'라고 말하는 것과 같아."

리사는 나를 새침하게 바라보더니 "그건 아주 똑같지는 않아요"라고 말했다. 하지만 리사도 분명 두 말 사이에 관계가 있다는 것은 인정하는 듯했다. 리사는 논리적인 사고력을 가진 아이였고, 자신이 직면한 다양한 행동들을 서로 비교하고 정리할 기회를 지속적으로 찾곤 한다. "저랑 베아트릭스 중에 누가 더 착해요?"라고 물은 아이도 리사밖에 없었다.

이와 같이 각각의 행동을 새로운 규칙에 입각해서 객관적으로 검토함으로써 모든 아이가 많은 것을 배울 것이다. 하지만 이런 토론거리를 제공하는 것은 대부분 바로 이 규칙에 대해 가장 불평했던 리사, 신시아, 찰리, 벤이었다. 리사는 특히 언제든 자신이 싫어하는 아이들을 걸고 넘어갔다. 이로 인해 누군가가 자신을 싫어하거나 거부하는 사례에 대해 생각할 기회가 풍부해졌다. 한편 리사는 자신을 지속적이든 일시적이든 누군가를 좋아할 경우에 어떻게 하는지도 다른 어떤 아이보다 잘 보여 주었다.

"우리가 성에 살고 있다고 치자."

리사는 다음 날 히로코에게 말했다. 두 아이는 휴식 시간에 실내에 남아 있게 해달라고 부탁하는 부모님의 쪽지를 가지고 왔기 때문에 단 둘이 교실에 남아 있었다.

"히로코, 너랑 나랑 단 둘이 황금과 다이아몬드로 만들어진 아름다운 성에 살고 있는 거야."

히로코는 놀라면서 좋아했다. 히로코는 매우 조심스럽게 리사가 조립하기 시작한 블록 성 안으로 한 발자국씩 들어갔다.

"그리고 우리가 어떤 소리를 들었다고 상상하는 거야. 그 소리는 괴상한 괴물이 낸 소리였어. 서둘러, 어서 들어와. 괴물이 오고 있어! 이 성은 문이 없어서 괴물이 안으로 들어오지는 못해. 하지만 우리는 마법이 있어서 밖으로 나갈 수 있지."

"우리만 마법을 쓸 수 있는 거야?"

히로코가 물었다.

"응. 우리만. 마법을 부릴 수 있는 사람은 아직 우리 둘밖에 없어. 우리만 그렇게 태어난 거야. 그렇게 상상하자."

그때 제니퍼가 교실 안으로 뛰어 들어왔다.

"윌슨 선생님이 저도 교실에 있어도 좋다고 하셨어요."

제니퍼가 나에게 말했고, 리사는 왕족처럼 우아하게 그녀를 환영했다.

"아, 저기 방금 알에서 태어난 또 다른 마법의 공주가 왔구나! 어서 이 보이지 않는 문으로 살금살금 기어 들어와, 제니퍼. 왜냐하면 이 성에는 문이 없거든. 그래서 괴물이 우리를 쫓아올 수가 없어."

리사가 히로코나 제니퍼를 그녀의 놀이에 초대한 것은 이번이 처음일 것이다. 주변에 다른 아이가 아무도 없었다는 사실은 중요하지 않다. 이들은 평소 리사가 제일 싫어하는 아이들 중 하나였다. 이로써 따돌림을 일으키는 것은 따돌림당하는 아이들 자체의 문제가 아니라 바로 습관에 있다는 내 생각이 입증된 것이다.

리사의 성을 보며 하나의 비유가 떠올랐다. 아이들이 다른 친구를 놀이에서 쫓아내게 허용하는 교실은 마치 문이 없는 성과도 같다. 성 안의 사람들은 마법의 힘으로 둘러싸인 것이고 성에 들어가지 못하는 사람들은 사랑받지 못하는 괴물 역할을 해야만 하는 것이다.

내가 만든 이야기 속에 나오는 숨겨진 산은 같은 현상을 반대로 보여주고 있다. 여기에는 외톨이가 된 용들이 살고 있다. 겁에 질리고 상처받기 쉬운 이 버림받은 용들은 태양 아래로 나오는 것을 두려워하며 영원히 안개에 둘러싸인 곳에 숨어 지낸다.

용들은 태양이 모두의 것인 것처럼 자신들의 것이기도 하다는 사실을 알지 못하고 있다. 까치와 베아트릭스는 그들을 바깥세상으로 유인할 방법을 찾아야만 한다. 이것은 클라라에게도 적용된다. 이 아이가 황금과 다이아몬드로 만들어진 자신만의 성에서 밖으로 나올 수 있도록, 모든 사람이 그 안으로 들어갈 수 있도록 문을 활짝 열어야 한다.

그 일은 일어날 것이다. 아니, 이미 일어나고 있다. 왜냐하면 아이들은 문을 걸어 잠궈 다른 사람을 못 들어오게 하는 것보다 문을 활짝 여는 것이 훨씬 더 쉬움을 배우고 있기 때문이다.

까치는 어둠 속에서 나와서, 레이먼드와 그의 아빠가 갇힌 우리로 날아갔다.

"저는 불의 왕국의 충성스러운 신하 까치입니다. 부르셨습니까, 불의 하사님."

까치가 군대의 나팔 같은 목소리로 살짝 떨며 말했다.

용들은 까치가 날개를 활짝 펼치며 눈부신 모습으로 그들 앞에 나타나자 슬금슬금 뒷걸음질쳤다. 그동안 베아트릭스는 까치의 깃털 속에 숨어서, 자신이 보고 들은 이야기와 간단한 계획을 까치에게 말했다. 까치가 꼬리를 치켜세우고 머리를 숙였다.

"무엇이든 명령을 내려 주십시오, 불의 하사님. 분부 받들겠습니다."

레이먼드의 아빠도 고개 숙여 인사하며 말했다.

"환영한다, 불의 왕국의 새여. 내 아들이 블루베리가 먹고 싶다고 난 리구나. 이 아이를 진정시킬 수 있는 이야기를 들려줄 수 있겠니?"

"물론입니다, 하사님."

까치는 대답하고 바로 이야기를 시작했다. "옛날 옛적에" 하고 까치가 이야기를 시작하자 용들은 마치 마법의 줄이 잡아당기는 것처럼 까치에게 다가갔다. 그들이 자기 주변에 자리 잡고 앉자 까치는 "옛날 옛적에" 하고 나직하게 반복하며 이야기를 다시 시작했다.

옛날 옛적에 어떤 왕국에 거위들이 살았습니다. 그 거위들은 황제의 신하였지요. 지구의 방방곡곡에서 가장 맛있는 블루베리를 모아서 황제의 식탁으로 가져오는 것이 거위들의 임무였습니다. 황제는 거위들이 가져온 각각의 바구니에서 하나씩 맛을 보고 가장 완벽하게 달고 향긋한 과즙이 가득 찬 블루베리를 고른 후, 왕궁 요리사들에게 저녁에 먹을 새로운 디저트를 만들라고 명령을 내리곤 했습니다.

"깜짝 놀랄 만큼 세상에서 가장 맛있는 디저트를 만들어라. 이 세상 그 누구도 먹어 보지 못한 디저트 말이다."

매일 새로운 종류의 블루베리 디저트가 황제의 식탁에 올랐습니다. 블루베리 파이, 타르트, 수플레, 쿠키, 머핀, 페이스트리……. 시간이 지날수록 디저트는 점점 더 사치스럽고 화려해졌습니다. 어느 날, 황제가 초콜릿과 블루베리 생크림을 7겹으로 넣은 엔젤

케이크를 한입 가득 맛보고는 갑자기 소리쳤습니다.

"이 블루베리들은 신선하지 않아!"

황제는 깊은 슬픔에 빠져 자리에 몸져누웠고, 음식도 거부했습니다. 왕궁의 새들이 더 신선한 블루베리를 가져왔고, 왕궁 요리사들이 더 화려한 디저트를 만들었지만 매번 황제는 등을 돌리고 신음했습니다.

"흠, 블루베리가 영 신선하지 않구나."

그러던 어느 날, 이른 아침에 왕궁의 작은 용이 황제의 방으로 들어가서 귓속말로 뭔가를 말씀드렸습니다. 그러자 황제는 얼굴에 미소가 살짝 비치더니 침대에서 일어나 용을 따라 정원으로 갔습니다. 그곳에는 블루베리 덤불이 있었고, 그해 처음 열린 블루베리 열매들이 알맞게 익은 채 주렁주렁 열려 있었습니다. 황제는 블루베리를 굉장히 좋아했지만 한 번도 블루베리가 열린 덤불을 본 적은 없었습니다.

"아!" 하고 황제가 외쳤습니다.

"진짜로 신선한 블루베리구나!"

황제는 블루베리를 한 움큼 가득 따서 입에 집어넣었습니다.

"신선한 블루베리야!"

그는 노래 부르듯이 말하며 덤불 주변에서 춤을 추었습니다.

"왕궁의 새들이여! 왕궁의 요리사들이여! 이제부터는 이 용이 나에게 블루베리를 가져다줄 것이다. 나는 이 용이 가져온 블루베리만 먹을 것이다!"

황제는 용의 머리에 왕관을 씌워 주고, 자신의 식탁에서 함께 식사했습니다. 그리고 그들은 그 후로 행복하게 잘 살았습니다.

까치는 이야기를 마치고 고개 숙여 절을 했다. 그 순간, 그 옆에 있던 작은 갈색 나방이 다시 마녀 베아트릭스로 변했다. 베아트릭스가 눈을 세 번 깜박거리자 갑자기 블루베리 덤불이 나타났다. 용들은 물론 깜짝 놀랐다. 그들은 블루베리 냄새를 맡더니 처음 보는 신기한 음식을 조금씩 맛보기 시작했다. 그러고는 흥분해서 혀로 입술을 핥으며 앞다투어 블루베리를 입에 넣었다. 곧 블루베리 덤불에는 열매가 하나도 남지 않게 되었다.

베아트릭스가 다시 눈을 세 번 깜박거리자 또 다른 덤불이 저 멀리 나타났다. 용들이 그 덤불의 열매도 다 먹어 버리자 또 다른 덤불이 산을 둘러싼 안개의 시작 부분에 나타났다. 그다음에는 안개 속에, 그다음에는 더 깊은 안개와 어둠 속에 덤불이 나타났고, 용들은 블루베리 덤불을 따라 햇빛이 비치는 바깥까지 나가게 되었다.

그 순간 갑자기 환한 햇빛이 용들을 비추었다. 용들은 눈을 가늘게 뜬 채 밝고 파란 하늘과 따뜻하고 노란 태양을 바라보았다. 이 모든 것이 믿기지 않는다는 눈빛이었다.

베아트릭스는 레이먼드와 그의 아빠를 풀어 주러 되돌아왔고, 그들

은 재빨리 용들이 있는 곳으로 달려갔다.

"우리가 있는 여기가 어디죠?"

용들이 물었다. 레이먼드의 아빠는 햇빛이 환하게 비추는 여섯 개의 산봉우리를 가리키며 말했다.

"세상으로 나온 것이다, 친구들. 아름다운 세상으로! 여기에는 너희에게 필요한 모든 것이 있지. 항상 그 자리에 있었어. 너희가 안개 속에서 나오기만을 기다리면서."

용들이 처음에는 천천히 걷다가, 서서히 펄쩍 점프해 보기도 하고 산비탈에서 서로 앞서거니 뒤서거니 하며 뛰어다니기 시작했다. 레이먼드의 아빠가 용들을 불렀다.

"자, 천천히. 서두를 필요 없어. 새로운 세상을 탐색할 시간은 많단다. 이제 우리는 집으로 돌아갈 것이다. 여기에서 멀리 떨어져 있는 우리 집으로."

용들은 이 말을 듣자 하사에게 달려왔다.

"저희랑 제발 같이 있어 주세요!"

용들이 간청했지만 하사는 손을 흔들어 작별인사를 했다.

"미안하구나. 나는 더 이상 이곳에 머무를 수가 없어. 그리고 너희도 이제 더 이상 마법의 영혼의 보호를 받을 필요가 없단다."

까치가 하사의 어깨로 날아오르며 말했다.

"안녕, 착한 용들. 부탁할 것이 있어요. 당신들은 언젠가 오렌지색 선인장꽃으로 만든 옷을 입은 아주 작은 사람들을 만나게 될 거예요. 그들을 부드럽고 친절하게 대해 주세요. 그리고 당신들이 까치의 친구라고 말하고 독수리로부터 보호하겠다고 약속해 주세요."

용들은 오렌지꽃 사람들을 돌봐 주겠다고 약속했고 까치는 만족했다.

베아트릭스가 기다리고 있는 마차에 레이먼드와 아빠가 오르자마자 그 행복한 일행은 바다를 향해 길을 서둘렀다. 까치가 하늘 높이 날며 길을 안내했다. 한 시간쯤 후에 까치는 구름 속으로 사라졌다. 카림 왕자, 애나벨라, 알렉산드라에게 레이먼드의 아빠를 구조했다는 소식을 전하러 앞서 간 것이다.

리사는 규칙에 적응하는 법을 배우고 있다. 규칙을 벗어날 수만 있으면 자기가 싫어하는 아이들을 성 밖에서 살도록 내보냈지만 자신의 의견이 거부당하면 곧바로 규칙을 떠올렸다. 리사는 놀라운 아이였다. 그 아이가 최근에 나에게 물었다.

"선생님, 토론이 끝나면 꼭 그대로 실천을 해야만 하나요, 아니면 계속 좀 더 토론을 할 수도 있나요?"

나는 웃음을 참기가 어려웠다.

"응, 물론 토론을 한 후에는 그 결과대로 실천해야지."

내 대답을 듣고 리사는 고개를 끄덕이며 수긍했다.

클라라는 평소에는 변화를 이해하는 것이 가장 늦은 아이였지만, 지금은 이 규칙이 성공적으로 자리 잡을 수 있도록 적극적으로 돕고 있다. 리사와 신시아가 목도리로 놀이집의 입구를 덮고 있을 때, 클라라가 그 아이들 앞으로 다가갔다. 그리고 놀이를 방해하지 않으면서 자연스럽게 끼어들 기회를 찾고 있었다. 그때 리사가 신시아에게 말했다.

"우리는 이제 막 태어난 아기 생쥐 공주인 거야."

그러자 클라라가 희망을 갖고 제안했다.

"그럼 나는 너희를 바라보고 있는 길 잃은 아기 고양이를 할게."

"클라라, 그러면 너는 다른 숲으로 가서 너희 언니나 동생을 찾아야지. 빨리 도망가."

클라라가 단호하게 대답했다.

"아니. 나랑 내 언니는 치즈 냄새를 맡고 찾아왔는데 그 치즈가 바로 너희 집에 있어. 그래서 우리는 너희 집에서 같이 살러 왔어."

"하지만 봐, 클라라. 우리는 지금 다 도망가고 있어."

리사가 어느새 새로운 놀이 친구에게 놀이에 대해서 설명하고 있었다.

"그다음 우리는 금을 발견할 거고, 또 그다음에는 유령의 집에 도착할 거야."

리사는 여전히 놀이를 이끌어 가는 역할을 했다. 그리고 계속 자기가 대장이라는 기분을 누렸다. 다른 아이를 놀이에서 제외시키려고 하지 않는 한 아이들은 리사의 리더십을 환영했기 때문이다.

놀이에서 대장을 없앴다면 따돌림 같은 풀기 어려운 문제를 해결할 수 있을 거라고 말한 4학년 아이의 제안은 좋은 지적이었다. 매력적인 생각을 하는 아이 곁에는 항상 따르는 아이들이 있다. 하지만 '대장'이라는 단어는 문제를 일으킨다. 다른 명칭이 필요하다. 단어의 선택이 큰 차이를 만들기 때문이다.

내년에는 〈'너랑 안 놀아'라고 말하지 않기〉가 새로운 규칙이 아닌 그저 단순한 규칙 중의 하나가 될 것이다. 그때는 놀이의 '대장' 또는 '주인'이 사라지게 될지를 알아보는 것도 흥미로울 것이다. 그렇게 된다면 무엇이 '대장'의 자리를 대신하게 될까?

아이들은 이제 새로운 규칙 속에서 잘 놀고 있다. 그런데 안심하려는 순간 선생님들을 어리둥절하게 하고 아이들을 불편하게 하는 새로운 문제가 나타났다. 〈'너랑 안 놀아'라고 말하지 않기〉 규칙을 시행한 지 거의 2주 후에, 이 규칙을 자연스럽게 확장해서 아이들의 창작 이야기 시간에 적용하게 되었는데 이것은 혁명적이라고 할 만한 변화를 가져왔다.

우리는 아이들이 만든 이야기로 다른 아이들이 연극을 하는 활동을 진행하고 있는데, 이때 이야기를 만든 아이가 연극을 할 아이들의 역할을 고르도록 되어 있다. 그런데 이러한 활동이 구조적으로나 기능적으로 아이들의 자발적인 놀이보다 더 개인적인 성격을 가지고 있음이 드러나는 게 아닌가. 또한 이 이야기 연극 시간이야말로 교실 안에서 소수의 아이들이 여전히 진짜 권력을 휘두르는, 즉 '대장'이 남아 있는 몇 안 되는 영역이었던 것이다. 나는 이러한 점을 미처 생각하지 못했다.

그것을 깨닫게 한 사건이 신시아의 생일파티 날 일어났다. 신시아의 부모님도 초대받아 와 계신 자리에서 리사가 그만 분노를 터뜨리며 울부짖은 것이다.

"이건 공정하지 않아! 너 미워, 신시아! 너 나를 시켜 준다고 약속했잖아!"

신시아는 자신을 옹호하려고 당황스러운 눈빛으로 부모님을 쳐다보더니 변명했다.

"아니야, 내가 언제 약속했어? 생각해 보겠다고 했지."

리사는 슬픔을 가누지 못했다. 울음을 터뜨리더니 깔개 중앙에 주저앉아 고통스럽게 흐느꼈다. 신시아의 부모님은 혼란스럽고 당황스러웠다. 신시아의 엄마가 물었다.

"무슨 일이니, 신시아?"

신시아도 거의 울음을 터뜨리기 직전이었다.

"리사를 제 이야기의 등장인물로 뽑아 주지 않아서 리사가 화났어요. 저는 약속하지 않았어요, 엄마. 그냥 생각해 보겠다고만 했다고요. 왜냐하면 제가 페일리 선생님께 이야기를 들려드리고 있을 때 리사가 계속 귀찮게 조르며 괴롭혔거든요."

신시아의 아버지가 부드럽게 물었다.

"네가 리사에게 무언가 역할을 주면 안 되겠니?"

"하지만 리사도 자기 이야기로 연극을 할 때 저를 시켜 주지 않았단 말이에요!"

"왜 그랬을까?"

"제가 메리 루이스를 더 좋아한다고 생각해서 삐쳤거든요."

"아……."

파티는 결국 중단되었다. 이야기를 만든 사람이 등장인물 배역을 정할 수 있도록 한 우리의 방식이 완전히 공정하다고 생각하지는 않았다. 이제 이 문제에 대해서 신중히 검토해 보는 것을 더 이상 미룰 수가 없다는 생각이 들었다. 하지만 지금 당장은 이 두 소녀가 함정에서 나오도록 도와야 했다. 나는 신시아에게 속삭였다.

"리사에게 여동생 역할을 시키면 어떨까? 파티를 망치지 않도록 말야. 나중에 이 문제에 대해서는 한번 깊이 이야기 나눠 보자."

신시아가 즉시 동의했고, 리사가 울음을 멈추자 어른들은 비로소 안도했다.

하지만 이 혼란의 본질이 갑자기 명확해졌다. 이야기 연극에는 교실의 '권리 장전'이 영향을 미치지 못했던 것이다. 이야기를 만든 아이가 연극에 대한 모든 제작권을 가지고 있다. 이미 놀이에서는 따돌림이 없어졌지만 이야기 연극 시간에는 여전히 거부와 따돌림이 남아 있었다. 나는 생일파티에서 벌어진 리사의 소란을 일종의 조난 신호와 같은 것으로 받아들였다. 대장을 중심으로 하는 체제가 아이들의 놀이를 지배했을 때, 클라라가 울면서 자기 사물함 속으로 들어갔던 사건과 마찬가지인 셈이었다.

다음 날, 나는 토론 시간에 이 문제를 가지고 나왔다.

선생님　윌슨 선생님과 나는 이야기 연극 시간에 배우를 뽑는 새로운 방식이 필요하다고 생각하고 있어. 어떤 아이들은 계속 손을 드는데도, 선생님이 시켜 주라고 하지 않는 이상 한 번도 뽑히지 않는 경우가 있잖니.

히로코　메리 루이스는 항상 큰언니 역할을 맡아요. 저는 한 번도 해 본 적이 없는데 말이죠.

넬슨　저는 한 번도 닌자 거북이 역할을 맡아 본 적이 없어요.

선생님　어쩌면 이 문제를 쉽게 해결할 수 있을지도 몰라. 이 깔개에 둘러앉은 순서대로 하고 싶은 역할을 정하면 어떨까? 그러면 모두에게 골고루 선택할 기회를 주게 되는 거지.

찰리　하지만 제 이야기는 그렇게 하고 싶지 않아요. 저는 각 역할에 누가 어울릴지 미리 마음속으로 정해 놓거든요.

선생님　너는 항상 같은 아이들만 뽑잖니, 찰리.

안젤로　찰리가 저는 절대로 안 뽑아 줘요.

와카　하지만 선생님, 그러면 이런 문제가 있어요. 제가 친구한테 미안하다고 할 때, 예를 들어 싸우고 나서 화해할 때요, 저는 '미안해. 다음에 내 이야기로 연극을 할 때 너도 시켜 줄게' 하고 말하는데요. 이제 그럴 때 할 말이 없어지잖아요.

칼　맞아요. 저도 넬슨을 한 번 뽑아 준 적이 있는데요. 왜냐하면 넬슨이 같이 놀게 해달라고 했을 때 안 된다고 하면서 대신 이야기 연극에 넣어 주겠다고 했거든요.

선생님　그래, 무슨 말인지 이제 알겠어. 그러니까 선생님의 의견대로 하게 되면 너희가 다른 아이들에게 특별한 호의를 베풀 방법이 없어진다는 거지? 그렇지만 이제 모든 아이가 놀이에 참여할 수 있으니까…….

리사　선생님, 저는 아이들을 제가 뽑는 게 더 좋아요. 제 이야기의 배역에 누가 어울릴지는 제가 제일 잘 알아요. 만일 이야기를 만든 사람이 배역을 고를 수 없다면 이야기를 만드는 게 무슨 소용이 있죠?

선생님　리사, 예전에 네가 좋아하는 아이들하고만 놀 수 없다면 "놀이가 무슨 소용이 있죠?"라고 말했었지? 하지만 규칙이 시행된 후에 너는 이전보다 더 즐겁게 놀고 있잖아. 이야기 연극 시간도 마찬가지일 거야.

신시아 아니, 그렇지 않을 거예요. 왜냐하면 제 이야기에는 꼭 거기에 어울리는 사람들이 있거든요. 어쩔 때는 리사가 그 배역에 제일 잘 어울리죠. 꼭 리사만이 할 수 있는 역할이라고요.

선생님 하지만 네 생일파티 때는 리사를 시켜 주지 않아서 리사가 상처를 많이 받았잖아. 만약 돌아가면서 배역을 맡기로 했다면 리사도 자기 순서까지 기다려야 한다는 걸 알았을 거야.

클라라 때로는 저도 제 이야기에 리사만 나오기를 바랄 때가 있어요.

찰리 제가 배역을 고르는 게 공정해요. 제 이야기니까요.

벤 맞아요, 이야기는 제 공책에 있는 거니까요. 제가 결정하는 게 옳아요.

스미타 전 돌아가면서 맡는 게 공정하다고 생각해요. 왜냐하면 제가 계속 손을 들고 있어도 아이들은 항상 리사나 메리 루이스만 선택하거든요.

리사 스미타, 그럼 이렇게 하면 어떨까? 매주 월요일에는 너나 또 다른 아이들에게 하고 싶은 역을 시켜 주는 거야. 대신 다른 날에는 그냥 내가 시키고 싶은 애들을 뽑는 거지.

선생님 그동안의 방식을 바꾸는 게 어렵다는 건 선생님도 알고 있어. 새로운 방법을 좋아할지 아닐지는 시작해 보기 전에는 알 수가 없으니까. 너희보다 나이 많은 아이들조차 변화를 두려워한단다. 하지만 봐, 또 다른 새로운 규칙이 성공적으로 실시되고 있잖아. 〈'너랑 안 놀아'라고 말하지 않기〉 규칙이 실시되고 나서 너희는 더 많은 시간을 함께 노는 데 보내고 더 많은 아이들과 놀 수 있게 되었잖니.

제니퍼 제 이야기에 제가 좋아하지 않는 아이들이 나오는 건 싫어요.

선생님 선생님도 이해해. 어쩌면 내가 너무 일찍 이 문제에 대해 이야기하는 건지도 모르겠구나. 하지만 선생님은 너희가 놀이에서는 모든 친구를 받아들이고 있는데 이야기 연극에서는 안 된다고 할 이유가 없지 않을까 싶거든. 우리는 이것을 꼭 시도해 봐야 해. 일단 한번 시도해 보고 나중에도 너희가 좋지 않다고 생각한다면 그때 다시 원래대로 돌아오면 어떨까?

리사 그러면 저는 이제 더 이상 이야기를 안 만들래요!

찰리 저도요!

리사와 찰리는 이틀을 버티다가 아무 일 없었다는 듯이 이야기를 다시 만들기 시작했다. 그런데 이상하게도, 리사와 찰리는 다시 이야기를 만들면서 모두 까치 이야기에 관련된 이야기를 들려주었다.

찰리의 이야기는 다음과 같다.

옛날 옛적에 세 마리의 용과 까치 한 마리가 있었습니다. 그리고 작은 오렌지꽃 사람들이 산에 살았습니다. 오렌지꽃 사람들은 용들에게 말했습니다.

"산 위에 올라가서 오렌지색 딸기가 열리는 나무에 불을 뿜어 주겠니?"

이때 베아트릭스가 까치와 함께 나타나서 모두 다 같이 오렌지색 딸기를 먹게 되었습니다.

리사는 찰리의 이야기를 듣더니 거기에 맞추어 이런 이야기를 들려주었다.

옛날 옛적에 베아트릭스가 양귀비 씨 열매를 먹고 수두에 걸려 아프게 되었습니다. 용들은 애나벨라에게 카림 왕자를 불러 달라고 부탁했습니다. 왕자님은 베아트릭스에게 앞으로는 절대로 그런 독이 있는 열매를 먹지 말라고 했고, 베아트릭스의 병도 나았습니다. 그리고 베아트릭스는 오렌지꽃 사람들과 함께 살기로 결심했습니다. 오렌지꽃 사람들은 베아트릭스 공주님이라고 부르며 환영했습니다.

그 아이들의 이야기에 나는 많이 놀랐다. 이야기 연극의 배역 선정 방식을 바꾸는 데 그렇게 심하게 반대해 놓고 하필이면 까치 이야기의 주된 맥락으로 돌아간 것은 대체 무슨 이유일까? 그뿐 아니라 리사와 찰리는 둘 다 오렌지꽃 사람 역할을 맡겠다고 했다. 이 역할은 그다지 개성 있거나 매력적인 역할이 아닌데도 말이다.

나는 곧 이러한 사건들이 이야기 연극 시간을 둘러싸고 새로 나타나기 시작한 일반적인 경향의 일부라는 것을 알게 되었다. 아이들은 이야기 연극 시간에 이전에 비해 실험성과 유연성을 찾는 경향이 늘어났다.

먼저, 배역을 정하는 새로운 방식을 시도한 이후 끊임없이 새로운 규칙이 만들어졌다. 만약 배역을 고를 차례인 아이가 여자아이인데 배역이 남자 배역이라면 이야기를 만든 아이가 그 인물을 여자로 바꿔야 한다는 의견이 나왔다. 또는 배역을 고를 차례인 아이가 이야기에 없는 다른 인물을 하고 싶어 한다면, 이야기를 만든 아이가 역시 그 인물을 창조해 내기로 했다.

아이들의 제안으로 변화된 규칙은 또 수많은 변형을 거치며 세분화되었지만, 결국 변하지 않는 규칙 하나가 있었다. 그것은 이야기를 만든 아이가 어떤 방식으로든 이야기를 바꾸는 것을 거부할 권리를 갖는다는 것이었다. 이 의견에는 대부분의 아이가 동의했다.

이제, 새로운 현상이 나타났다. 규칙으로부터 어딘가 빠져나갈 구멍을 찾으려는 부담에서 벗어나자 아이들은 정반대의 반응을 보였다. 어차피 배역을 바꿀 수가 없다면 어떤 역할이든 받아들이겠다는 태도를 보인 것이다. 아이들은 처음에는 소심한 모습을 보였지만, 마치 고정관념을 벗어 버리려는 도전을 받아들이듯이 소화하기 어려운 역할도 대담하게 맡게 되었다.

여자아이들은 남자아이 역할을 맡는 것을 거부하지 않았고 남자아이 들도 여자아이 역할을 맡았다. 물론 모든 아이가 그런 건 아니지만, 많 은 아이가 자신들의 족쇄를 던져 버리고 바뀐 역할을 기꺼이 받아들이 게 되었다. 악당, 마녀, 괴물 같은 역할을 한 번도 한 적 없는 아이들이 이제는 그런 역할이 돌아왔을 때 기꺼이 하겠다고 나선다. 닌자 거북이 를 즐겨 연기하던 아이들이 이제는 갓난아이 역할을 맡는 것에도 쉽게 동의한다.

대체 무슨 일이 일어난 것일까? 누가 어떤 인물을 맡을지를 결정하는 권리를 포기함으로써 이야기를 만드는 아이들은 반 친구들의 기대에 부 응해야 한다는 요구로부터 자유로워졌다. 게다가 연기하는 아이들은 이 제 우연에 의해 역할을 맡기 때문에 원하는 배역을 맡기 위해 이야기를 만든 아이에게 잘 보여야 한다는 생각에서 벗어났다.

"하지만 저는 여전히 새로운 방식이 싫어요."

리사가 어느 날 나와 둘이 있을 때 말했다.

"신시아도 싫다고 했고, 메리 루이스도 마찬가지예요."

"하지만 리사, 넌 지난번에 좋은 일을 하나 했어. 윌슨 선생님과 나는 그때 무척 기뻤단다."

"제가 그랬어요?"

"기억나니? 안젤로가 배역을 고를 차례였는데, 네 이야기에 아빠가 필요하다고 했지? 그때 네가 안젤로에게 '잘됐다! 여자애가 걸리면 어 떡하나 했는데. 네가 마침 차례여서 좋아'라고 말했잖아. 너는 왜 선생님들이 그걸 보고 기뻐했는지 알겠니?"

"선생님이 안젤로를 좋아해서요?"

"그것도 맞지만, 이제 안젤로는 네가 자기를 좋아한다고 느끼게 되었단다. 예전에 초콜릿 과자 세기 게임을 할 때 네가 안젤로와 편이 되는 것이 싫다고 말한 적이 있잖아?"

리사가 그 사건을 기억해 냈다.

"하지만 저는 그때 안젤로에게 제 초콜릿 과자를 모두 줬고, 어떤 나쁜 말도 하지 않았어요."

"알아, 리사. 너는 초콜릿을 먹고 싶지 않은 척까지 했어. 하지만 이번에는 안젤로가 네 이야기 속 아빠 역할을 하는 것을 보고, 미소를 지었잖니."

나는 리사의 볼을 부드럽게 톡톡 쳤고, 리사는 팔을 뻗어 나를 껴안았다.

"리사, 선생님은 새로운 규칙이 정말 효과를 거두고 있다고 생각해."

"어떻게 알아요?"

"증명하기는 어렵지만, 선생님 생각에는 이야기들이 더 재미있고 좋아진 것 같아. 입증하기 쉬운 또 다른 증거도 있어. 모든 아이가 더 자주 배역을 맡게 되었고 연극에서 소외되는 아이들이 없어졌다는 거지. 게다가 요즘은 이야기 나누기 시간에 서로에게 더 잘해 주잖아. 이제 아무도 다른 아이에게 '넌 내 이야기 연극에 참여할 수 없어'라고 말하지 않게 되었어."

얼마 후 그날의 이야기 연극을 시작하기 전에, 아이들에게 내가 배역을 정하는 새로운 방식을 좋아하는 이유에 대해 설명했다. 그리고 다른 어떤 것보다 가장 중요한 논점을 이렇게 덧붙였다.

"선생님은 너희 중 몇몇 아이들은 아직도 자신의 이야기에 나오는 역할을 맡을 아이를 직접 뽑고 싶어 한다는 것을 알아. 하지만 우리가 학교에서 누군가를 따돌리는 것을 멈추는 법을 배우려면, '넌 안 돼'라고 말할 수 있는 활동이 단 하나라도 없어야 하지 않겠니?"

아이들이 이 말을 잘 이해할 것이라고 어느 정도 확신했지만, 나는 다음과 같은 말을 덧붙였다.

"어쨌든 너희는 정말 잘 협조해 주었어. 이제 이야기를 만든 아이가 다른 아이들에게 '넌 안 돼'라고 말하지 않게 되었고, 배역을 맡는 아이들도 어떤 역할을 하게 되든 거부하는 일이 적어졌잖아. 전에는 이야기를 만든 아이가 자기에게 못되게 굴거나 하면 배역을 맡지 않겠다고 하는 경우가 많았었는데 기억하니?"

아이들은 물론 윌슨 선생님과 내가 관찰한 변화에 대해 모두 알아채지는 못했다. 나는 이제 내년에 들어올 유치부 아이들이 〈'너랑 안 놀아'라고 말하지 않기〉 규칙을 당연한 것으로 받아들이게 될 것이라는 점이 조금은 아쉬웠다. 물론 예전의 방식으로 돌아갈 생각은 없다. 그러나 이 규칙을 시행하기까지의 과정에서 발견한 것들은 정말 흥미로웠다.

누구에게나 열린 기회라는 개념 자체는 결코 당연한 것으로 받아들여서는 안 될 것이라고 생각한다. 매해 새로운 학급의 아이들과 함께 이 개념에 대해 새롭게 발견해 나갈 것이다. 〈'너랑 안 놀아'라고 말하지 않기〉는 확실히 일반적인 법칙, 예를 들어 "넌 놀 수 없어!"에 비해 부자연스러워 보인다.

그렇다면 우리는 이 규칙을 통해서 우리 아이들이 이방인들과 행복하고 조화롭게 생활하고 공부해 갈 수 있도록 준비시켜야 할 것이다. 모든 학년마다 그에 맞춰 이 개념을 실현해 나갈 수 있도록 해야 할 것이다. 그리고 만약에 어느 날 우리 아이가 이방인이 된다면, 다른 모든 사람과 마찬가지로 태양을 누릴 권리가 자신에게도 있음을 알려 주어야 할 것이다.

베아트릭스는 레이먼드와 아빠의 대화가 결코 끝나지 않을 것 같다고 생각했다. 따가닥따가닥 말발굽 소리에 맞춰 질문과 대답이 끊임없이 계속되었다. 베아트릭스는 최대한 조용히 앉아 있으려 했지만, 레이먼드의 아빠가 엄마에게 바로 가자고 말하자 더 이상 가만히 있을 수가 없었다. 자신이 나서야겠다고 생각한 베아트릭스가 소심하게 물었다.

"하사님! 카림 왕자님을 만나기 위해 키다리 소나무 왕국에 들르지도 않으실 건가요?"

"아, 물론 왕자님을 만나야지, 베아트릭스. 왕자님과 소녀들이 레이먼드에게 그토록 친절을 베풀어 주었는데 고맙다는 인사도 하지 않는다면 레이먼드의 엄마도 나에게 뭐라고 할 거야. 게다가 말들도 휴식이 필요하고, 말과 마차를 다시 사용해도 될지 왕자님께 허락도 받아야 해."

까치가 선창에서 기다리고 있었다.

"배가 오고 있어요! 뱃고동 소리가 들리나요?"

까치는 여러 번 높은 새소리를 내며 해안에 다가오는 배에 신호를 보냈다.

레이먼드 일행이 배에 오르자, 선장이 토머스 하사에게 서둘러 달려가 물었다.

"아, 소년이 찾고 있던 사람이 바로 당신이었습니까? 당신을 기억하고 있습니다. 2, 3년 전이었던가 이 배에 탄 일이 있죠? 무슨 보물을 찾으러 간다고 하지 않았던가요?"

토머스 하사가 선장의 손을 잡으며 말했다.

"맞아요! 정확히 4년 전이었습니다, 선장님. 그때 제 아들은 고작 여섯 살이었죠. 저는 전쟁터에 나갔다가 돌아오는 길에 보물지도를 발견했답니다. 부자가 되어 집으로 돌아가겠다는 생각에 사로잡혀 다른 것은 생각할 수가 없었어요."

그는 레이먼드를 팔로 감싸며 슬픈 듯 고개를 저었다.

"나를 용서해라, 아들아. 아빠가 얼마나 어리석었는지……."

그들이 해변에 가까워지자 레이먼드가 손을 흔들기 시작했다.

"저기 보세요, 아빠! 애나벨라와 알렉산드라가 아빠를 위해 만든 것을 보세요!"

애나벨라와 알렉산드라는 "집으로 오신 것을 환영합니다. 토머스 하사님!"이라고 크게 쓴 플래카드를 들고 있었다. 그것을 보고 베아트릭스가 투덜거렸다.

"흥. 나머지 우리의 귀향은 환영하지 않는다는 거지?"

하지만 잠시 후 베아트릭스의 불만은 사라졌다. 카림 왕자가 아직 페인트가 채 마르지 않은 다른 플래카드를 들어 올렸는데 거기에 이렇게 적혀 있었기 때문이다.

"베아트릭스, 레이먼드, 까치의 성공적 모험을 축하한다!"

"저기 봐! 왕자님이 내 이름을 맨 먼저 쓰셨어!"

까치는 그런 베아트릭스를 보고 웃음을 참을 수가 없었다.

"아, 베아트릭스. 너 정말 웃겨. 어쨌든 네 이름이 제일 먼저 나오는 게 당연해. 너의 블루베리 마법이 우리의 구출 작전에서 가장 중요한 부분이었으니까."

꼬마 마녀가 기쁨의 미소를 지었다.

그런데 갑자기 레이먼드의 아빠가 높게 뻗은 소나무숲을 바라보더니 조용해졌다. 그러고는 낮은 목소리로 중얼거렸다.

"아, 이게 꿈일까 생시일까? 이게 가능한 일인가?"

그는 놀라워하며 해변에 늘어선 나무들을 찬찬히 바라보았다. 배가 닻을 내리자 그가 아들을 돌아보며 확신에 찬 목소리로 말했다.

"아빠는 여기 와본 적이 있단다."

그리고 카림 왕자와 두 공주들과 인사를 나눈 후에 흥미로운 이야기를 시작했다.

"저는 이 숲을 지나간 적이 있습니다. 한 번도 아니고 두 번이나요. 그 때는 이 숲의 이름도 몰랐죠."

그는 둘러선 이들의 놀란 표정을 보고는 큰 바위 위에 앉아 이야기를 계속했다.

"전쟁이 끝나고 집으로 가는 길에 나무에 파여 있는 구멍 속에서 둥글게 말려 있는 오래된 지도를 하나 발견했습니다. 그 지도가 저를 보물이 있는 곳으로 이끌어 줄 거라고 확신했던 이유는 지도 바로 옆에 까치 알이 하나 떨어져 있었기 때문입니다. 다들 아시겠지만 까치는 행운을 가져오는 새로 알려져 있잖아요. 작은 알은 반쯤 엎어진 둥지 안에 들어 있었어요. 아마 거센 폭풍에 둥지가 날아와 떨어졌나 봅니다. 둥지가 많이 망가져서 나무 위에 다시 올려놓아도 소용이 없을 듯했고, 게다가 엄마 까치의 모습도 보이지 않았죠. 그래서 저는 이 알이 부화할 때까지 제 주머니에 품고서 돌봐 주자고 결심했습니다. 제 행운의 부적이라고 생각하면서요."

까치가 이 나뭇가지에서 저 나뭇가지로 깃털을 날리며 정신없이 날아다니기 시작했다. 하사가 이야기를 다시 시작하기 전까지 모두의 눈길이 까치를 따라갔다.

"저는 까치 알을 주머니 속에 넣고, 조심스럽게 살살 돌리면서 걸어갔어요. 알 속의 미세한 움직임이 느껴졌어요. 까치가 살아 있었던 거죠. 숲 속으로 들어가는 동안 제 마음속은 까치와 보물로 가득 차 있었어요. 그런데 어떻게 된 일인지 알을 잃어버렸답니다. 아마 제가 휴식을 취하려고 누워 있을 때 주머니에서 굴러떨어졌나 봐요. 나중에 알이 없어진 것을 깨닫고 급히 돌아가 모든 곳을 샅샅이 뒤졌지만 찾을 수 없었어요. 그 후에 불행한 일을 겪을 때마다 까치 알을 잃어버렸기 때문이라는 생각이 자꾸 들었죠."

까치는 더 이상 조용히 있을 수가 없어서 떨리는 목소리로 말했다.

"하사님, 당신이 제 생명의 은인이라는 것을 말씀드려야겠어요. 4년 전 하사님이 저를 이 숲 속에서 잃어버린 직후에, 베아트릭스가 저를 발견해서 자기 아이처럼 키워 줬지요. 이건 정말 놀라운 인연인데요!"

카림 왕자는 예상치 못했던 이야기를 들으면서 조용히 생각에 잠겨 있었다. 그러더니 환한 기쁨의 웃음을 터뜨리며 말했다.

"까치야, 우리가 처음 만났을 때 내가 했던 말을 기억하니? 마법의 힘을 믿는다고 했지. 네가 찾아와서 우리가 이 키다리 소나무 왕국으로 오게 되었고, 너는 오렌지꽃 왕자를 구해 냈어. 다음에 레이먼드가 나타났지. 아마도 레이먼드는 숨겨진 산에 대한 꿈을 꾸고 이곳에 왔을 거야. 그런 다음 너와 레이먼드, 베아트릭스가 토머스 하사님을 찾아냈어. 그런데 우연찮게도 그가 바로 너를 제일 처음 발견한 사람이라니!"

카림 왕자가 하사의 팔에 손을 얹었다.

"제가 볼 때 모든 일은 하나의 확실한 방향을 가리키고 있습니다, 하사님. 이 모든 신기한 사건이 우리를 이곳에 모이게 해줬어요. 가족들과 함께 이 키다리 소나무 왕국에 정착하는 게 어떻겠습니까?"

레이먼드가 아빠를 안았다.

"아빠, 우리 그래도 돼요? 엄마도 좋아하실까요?"

하사가 아들을 쳐다보며 미소를 지었다.

"그래, 엄마에게 물어보자. 하지만 먼저 우리가 해야 할 일은 엄마의 병이 낫도록 치료해 드리는 거야. 그게 지금 우리에게 가장 중요한 일이란다."

카림 왕자가 말했다.

"맞습니다. 이곳 소나무숲의 공기는 어떤 병에도 가장 좋은 약이 될 거라고 생각합니다. 이곳으로 이사하실 생각이라면, 집을 구할 때까지 저희 집에서 함께 지내시지요. 환영합니다."

레이먼드와 아빠는 서로를 쳐다보았다. 그들은 조만간 키다리 소나무 왕국으로 돌아오게 될 것이라고 확신했다.

나는 두 명의 따돌림받는 아이들, 셜리와 존이 어떻게 지내는지 보고 싶어서 3학년 학급을 다시 방문했다.

"선생님이 처음에 여기 와서 토론을 한 후에 혹시 규칙이 성공할 거라고 생각이 바뀐 아이는 없니?"

아이들이 "아니요"라고 합창했다. 그리고 한 남자아이가 말했다.

"그 규칙이 통하는 아이들도 있겠죠. 하지만 우리 반에서는 안 될 것 같아요."

그러자 셜리가 말을 꺼냈다.

"하지만 우리는 조금씩 노력하고 있어요."

셜리가 뭔가 말을 덧붙이려다 주저하기에 내가 물었다.

"셜리, 너희에게 어떤 변화가 있었지?"

셜리 옆에 있는 여자아이가 대신 말했다.

"그 규칙을 따르는 아이들도 있거든요. 우리 반의 절반 정도요. 하지만 중요한 점은 그 아이들도 자기가 어떤 아이를 놀이에 끼워 주면 다른 애들이 자기를 싫어하게 되지 않을까 걱정한다는 거예요."

"그렇구나. 하지만 같이 놀아 주자는 생각과 같이 놀지 않겠다는 생각 중에 어느 쪽이 더 강하니?"

"같이 놀지 않겠다는 생각이 훨씬 더 강해요" 하고 존이 말했지만 셜리는 동의하지 않았다.

"저는 같이 놀겠다는 생각이 더 강한 것 같아요. 왜냐하면 어느 날, 우리는 둘러앉아 의논한 후에 두 번째 주 금요일마다 운동장에서 파티를 열기로 했거든요. 우리 반 아이들 중 원한다면 누구나 상관없이 올 수 있는 파티요."

셜리가 말하는 동안 나는 무언가 중요한 일이 일어났다는 것을 직감했다.

"셜리, 너는 우리가 파티를 열 거라고 말하고 있구나. 분명히 '우리'라고 했지? 전에는 네가 한 번도 '우리'라고 말하는 것을 들은 적이 없는데 말이야."

셜리가 눈을 크게 뜨고 나를 쳐다보았다.

우리는 아직 은빛 바다를 건너지 않았다. 하지만 곧 해변에 도착할 것이다.

따돌림 없는 교실

1판 1쇄 인쇄 2014년 6월 27일
1판 1쇄 발행 2014년 7월 4일

지은이 비비언 거신 페일리
옮긴이 신은수
펴낸이 김성구

책임 편집 김아람
단행본2팀 이미현
디자인 여종욱 문인순
저작권 양숙현
제 작 신태섭
책임 마케팅 최윤호
마케팅 손기주 송영호 김정원 차안나
관 리 김현영

펴낸곳 (주)샘터사
등 록 2001년 10월 15일 제1-2923호
주 소 서울시 종로구 대학로 116 (110-809)
전 화 02-763-8965(단행본팀) 02-763-8966(영업마케팅부)
팩 스 02-3672-1873 이메일 book@isamtoh.com 홈페이지 www.isamtoh.com

ISBN 978-89-464-1874-5 03370

이 도서의 국립중앙도서관 출판시도서목록(CIP)은 서지정보유통지원시스템 홈페이지(http://seoji.nl.go.kr)와
국가자료공동목록시스템(http://www.nl.go.kr/kolisnet)에서 이용하실 수 있습니다.(CIP제어번호: CIP2014019011)

값은 뒤표지에 있습니다. 잘못 만들어진 책은 구입처에서 교환해 드립니다.